U0926682

领袖服务力

解构领袖服务力的七大特质

李羿锋 著

中国财富出版社

图书在版编目（CIP）数据

领袖服务力：解构领袖服务力的七大特质 / 李羿锋著．—北京：中国财富出版社，2013.4

ISBN 978－7－5047－4560－6

Ⅰ.①领…　Ⅱ.①李…　Ⅲ.①企业领导学—研究　Ⅳ.①F272.91

中国版本图书馆 CIP 数据核字（2013）第 035734 号

策划编辑　范虹轶　　**责任印制**　方朋远
责任编辑　曹保利　刘淑娟　　**责任校对**　杨小静

出版发行　中国财富出版社（原中国物资出版社）
社　　址　北京市丰台区南四环西路 188 号 5 区 20 楼　　**邮政编码**　100070
电　　话　010－52227568（发行部）　010－52227588 转 307（总编室）
　　　　　010－68589540（读者服务部）　010－52227588 转 305（质检部）
网　　址　http://www.cfpress.com.cn
经　　销　新华书店
印　　刷　北京京都六环印刷厂
书　　号　ISBN 978－7－5047－4560－6/F·1916
开　　本　710mm×1000mm　1/16　　**版　　次**　2013 年 4 月第 1 版
印　　张　16　　**印　　次**　2013 年 4 月第 1 次印刷
字　　数　222 千字　　**定　　价**　35.00 元

前言

何为领袖？领袖能为人表率者也。综观人类历史上出现过的领袖，其往往都具备以下特质：

远大的理想——纵观历史中的领袖都有远大的抱负，所谓吞吐天地之志。拥有这样的理想才能塑造其人格魅力。人们追随他，绝不仅因为他长得帅，而是因为他能带给人们希望，给人们一个远大而美好的憧憬。

异于常人的智慧——领袖必须对社会科学、人文科学有独到的见解，从而以出众的智慧让众人追随和信服。

超常的适应能力——领袖并不一定是一帆风顺的。有前呼后拥的壮观场面，也有独自一人的低谷。能够适应时局的起落变化，不被挫折打倒，不被胜利冲昏头脑是领袖的生存之道。

满足大众需求——领袖并不一定要用暴力主宰一切，事实上暴力统治一般不能长久。长久的领导艺术需要懂得如何服务大众，满足大众。

引导舆论——不得不承认，所有的领袖都非常能引导人。他必须时刻掌握舆论导向，让思想意识统一在自己的领导方向上。管理学中，领袖是人际角色中的一类，有着激励和指导团队成员的责任。

总的来讲，领袖之所以为领袖，最重要是因为领袖的服务力之所在。可以说，服务力是领袖的根本核心。正如老子所讲的："是以圣人抱一为天下式""天地所以能长久者，以其不自生，故能长生"。领袖哲理也一样。毛泽东最高智慧的结晶就是，人活着的目的和意义就在于全心全意为人民服务，其他所做的一切都是为此而努力的。甘地终生服务于印度的独立解放事业，成为“印度精神领袖”。甘地曾说：“最高的道德就是不断地为人服务，为人类的爱而工作。”美联社曾报道胡锦涛在耶鲁大学的演讲表示：“在耶鲁，他用诗歌般的语言说中国的发展依赖人民，也服务于人民。”占士·奥图也曾指出：领袖不是特权而是责任，他的职责是服务。

伟大的领袖应从服务心开始，领袖首先是“服务者”，他怀有服务为先的高尚情操。长久的领袖艺术需要懂得如何真诚地服务“大众”，满足“大众”；没有真诚服务心的领袖，是不会长久的，必将走向失败。这样的故事从不缺乏。领袖是一种选择，而非一种职务，领袖领导众人，就是让他人感到自身潜能、感到自身价值、感到自身伟大。

在服务经济时代，领袖服务力是企业发展的生命力。在 20 世纪 90 年代初期，韦尔奇认识到服务导向比产品导向重要，于是他决定将通用电气的重点从卖产品转变为向用户提供解决方案。1981 年制造业的收入占 GE 总收入的一半以上，而到了 1997 年，GE 2/3 的收入来自于服务业。

对于所有领袖而言，领袖就是服务。而企业的领袖服务力则要从领袖的服务之心开始。“服务式领袖”的概念数十年间被广泛流传到世界的各个角落。然而，当提及“服务式领袖”的时候，人们往往会联想到“仆人”这个词。难道领导就是为了取悦员工吗？甚至有人认为，服务式领袖只适合于教堂这种特殊的团体。事实上，人们曲解服务式领袖的原因在于，他们不明白领导行为是由两方面职责构成的：愿景与执行。不同职责下的领袖心态是不一样的。

总之，领袖要具备双重能力：既能制订全局发展方向和目标，又能以服务的心态帮助员工实现目标。成功的领袖推倒了传统的管理金字塔，不断询问“我能服务些什么”，而不是让员工仰望着金字塔说：“我们能为您服务些什么？”他们会不断努力去发现员工真正需要什么才能获得成功。具有服务之心的领导者不希望员工去讨好老板，而是希望为员工带来一些改变，并通过员工的改变去积极地影响整个组织的表现。

本书从企业理想、企业决策、企业文化构建、企业队伍建设、企业品质、企业业绩、企业制度等方面点出了领袖服务力对于一个企业的发展的内在影响。具体从领袖服务于企业理想，领袖是集体愿景的制造者；服务于企业决策，领袖是集体智慧的核心人；服务于企业文化构建，领袖是企业文化的创造与传播者；服务于企业队伍建设，领袖是企业人才的带队人；服务于企业品质，领袖是实施德治的基准牌；服务于企业业绩，领袖是集体利益的铸造者；服务于企业制度，领袖是企业制度的锻造者等几方面叙述。本书结构清晰、严谨、缜密；说理简洁明了，通俗易懂；实证研究案例生动鲜活而又充分有力，令人信服。

作 者

2013 年元旦

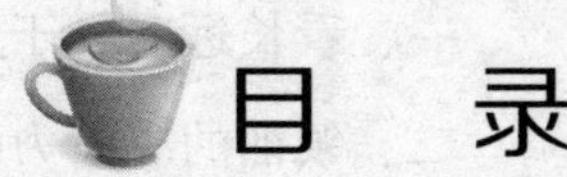

目　录

特质一

服务于企业理想——领袖是集体愿景的制造者

领袖服务力，首先体现在对企业信心的贡献上。没有前景的吸引，就无法凝聚强大的凝聚力。企业的领导就是在白纸上描绘诱人蓝图的那个人。个人有个人的理想，企业有企业的理想，企业的理想是企业所有人为之振奋的奋斗目标。

领袖的意志不是个人的，而是企业的

一、企业的目标是领袖意志的最终表达形式

企业的领袖是企业发展的核心人物，对于企业的发展起到中流砥柱的作用。领袖的意志往往代表的不是个人的意志，在一定程度上已经升华为公司的意志与精神。特别是在企业目标上往往凝聚着领袖的核心意志。

在企业发展中，几乎每一个企业都有自己的发展目标和规划。一般来讲，企业目标指的是企业在完成基本使命过程中所追求的最终结果，它借助由企业决策者根据企业使命要求选定的目标参数，大体上说明需要在以什么代价、什么时间、依次由哪些人员来完成些什么工作、最后取得什么样的结果。对于一个企业的发展来讲，企业的目标甚至决定着企业的未来。企业目标为企业的运行指明方向，为业绩评估提供标准，为资源配置提供依据，利用企业目标可以进行有效的组织、规划、激励与控制活动。也因此，企业的目标往往具有清楚明确、合理可行、可量化、可测评、可操作的性质，能够体现时序连贯性、多目标之间协调性和排序性，并具有挑战性，以激发职工的奋发向上的精神。可以说，企业目标就是企业发展的终极方向，是指引企业航向的灯塔，是激励企业员工不断前行的精神动力。

如果我们从企业目标的时间性质上来分，可分为近期目标、短期目标、中期目标、长期目标；而如果按职能可分为：生产目标、销售目标、人力资源目标、财务目标、研发目标，等等；如果按管理层级由低到高可分为：基层作业目标、中层职能目标、高层战略目标。

然而值得一提的是，企业的目标往往是企业领袖意志的最终表达形

式。企业领袖作为企业发展的规划者，凝聚着公司的核心精神。而企业的目标往往是企业领导者对于企业未来的一个有效的规划，这也体现了领袖的精神意志。

我们知道，领袖意志是领袖自觉地确定目标并支配其行动，以实现预期目标的心理品质。在现实中，领袖的意志在领导活动中表现为以下几方面：

1. 坚定的目的性

为实现确定的目标，信心百倍、坚韧不拔。

2. 主动性和独立性

能了解上级意向、制订相应的行动计划和纲领，随时根据环境条件的变化，采取相应的新方法和措施，组织实施。

3. 坚定性与果断性

能在复杂和困难的环境中作出决策，坚定地贯彻实施，毫不退缩，在环境条件发生变化时，能当机立断，坚持战略目标的原则性与实施策略的灵活性，并勇于承担风险与责任。

4. 坚忍性与顽强性

具有勇于进取，顽强奋斗的品格。

5. 沉着冷静与自制性

在困难情况下和紧要关头能沉着冷静，控制情绪与感情。

6. 自信心

深信自己事业的正确性，深信自身与群体的力量。

一般来讲，领袖意志是领袖在领导实践中培养锻炼出来的，是领导者的思想、认识、气质、性格、能力以及经验的综合表现。对于一个企业来讲，领袖意志也是非常重要的，不仅仅影响着员工的精神面貌，甚至决定着一个公司的未来。可以说，一个完整、有生命力的企业发展目标是企业领袖发展精神的最终表现。

对于很多企业的领袖来讲，他们成功的因素有很多，而居于这些因素之首的往往是领袖的意志力。一个领导者如果没有坚强的意志力，那么对于一个公司发展来讲就不会有一个长远的、系统的规划与未来。一个领导者的意志力、追求成功的热忱越强，那么企业发展的目标也就越清晰，成功的概率就越大。

企业目标是领袖发展观的最终表达形式。一个完善、科学、合理的企业目标源于企业领导者的深刻认识。正所谓："意志创造价值。"大脑是领袖取得成功的唯一源泉。当领袖意志被完全执行时，意志的指导作用将无法估量。美国行为学家 J. 吉格勒曾经指出："设定一个高目标就等于达到了目标的一部分。"简单来讲，领袖的意志影响着企业目标，同样，企业的目标则是领袖意志的一个重要的表现形式。

二、用领袖的理想引导优秀人才与你前进

我们知道，领袖之所以能成为领袖，是因为他们有着别人没有的崇高的理想和感召力。在企业的内部，领袖往往起着领头羊的作用。领袖的理想和意志决定着企业的发展方向以及发展动力。作为一个有目标有远见的领袖，要想引导自己手下的员工为了企业的前程共同奋斗，须把你的理想变成大家共同的愿景和事业。

谈到管理，国外的一名管理专家曾经这样谈道：企业领导人的素质来源于他能为部属设定一个长远的目标，并通过有效的沟通使它成为大家共同的愿景，这是他成功的基石。正如美国著名黑人运动领袖马丁·路德·金说的："假如你要别人跟随你，你就必须有远大的目标，而且要把这个目标立在下属的心里。"在管理中，企业领导者应通过设置目标来指导优秀人才的行为，使他们的个人需要与企业的目标结合起来，以激发他们工作的热情和积极性。企业领导者设置目标要适时、合理、可行，并且应与能人的切身利益紧密相关，这将成为能否有效激励能人为企业打拼的关键。为了使目标的

设立与管理更为科学、合理，领袖应遵循以下几项原则：

1. 理想的设置要具有一定的时间性和可反馈性

在时间上，既要有近期目标，又要有远期目标。远期目标易使人产生渺茫感，近期目标使人目光短浅，其激励作用也会减少或不能维持长久，所以，在制定目标时，要根据实际情况对目标的时间性予以合理地把握。

在实现目标的过程中，如果能人能够得到及时、客观、不断的信息反馈，其受到的激励要比无任何反馈大得多。同时，能人获取行动效果的信息后，往往会主动发动或调整下一步的行动，这无疑将有利于取得更高绩效。

领袖在用目标激励能人时，把游戏和竞争法则用于组织的工作及挖掘能人的潜力也是非常可行的。领袖要善于运用图表、游戏和竞争的方法使目标变得充满个性与趣味。与此同时，又可以消除工作中过分地紧张。这样，员工必定会用实际行动给予企业相应的回报。

2. 领袖的理想设置要与企业协调一致

要通过目标设置来激励能人为企业打拼，归根结底是要让个人目标与企业的目标相一致。企业的目标与个人的目标可能是一致的，但大多数情况下两者会发生偏向，这种偏向会导致冲突发生，从而不利于能人积极性的调动，更不利于企业目标的实现。只有使这种偏向趋于平衡，即企业目标向量与个人目标向量间的夹角最小，才能使个人的行为朝向企业的目标，使之产生较强的心理内聚力，共同为完成企业目标而奋斗。

3. 领袖设置的理想要具体明确

设立目标的目的是为了使能人们的行动尽量统一，让大家具有共同的方向，从而使行动的效果达到最大化。这就必然要求目标的设置要明确。如果目标不明确，很容易造成对目标理解的分歧，从而影响目标执行的效果。

目标的目的性就是指目标能被精确观察和测量。大量的研究结果证明：具体、明确的目标要比笼统、空泛的要求能导致更高的绩效。例如，在制订每月要达到的销售目标时，用具体的数字往往比含糊的“尽最大努力”“争取有所提高”等要有效得多。

4. 设置领袖理想不能太过于宏大

目标的设置很多时候表现为一种选择，特别是在难易程度方面。设置目标时，其难度应以中等为宜，这个目标又被称为“零点五”目标。如果目标难度太大，能人容易失去信心；而难度过小又激发不出员工足够的激情与干劲。这两种情况都无法收到良好的激励效果，只有所谓的“跳一跳，够得着”的目标，其激励作用才最强。因此，作为目标的制订者，管理者在设置目标的时候，必须注意这个问题。

5. 给理想一个周期

人们对有明确期限要求的事情会全身心投入，以期在期限内完成，而对没有确切期限的事情则会无限期地拖下去，甚至遗忘。因此，领袖一旦制订一个目标，就应给出一个具体的、明确的期限，否则他马上就会充分体会到，没有期限的目标，很多时候是没有结果的。管理学者帕金森有一条定律：“工作会延展到填满所有的时间。”因此，在用目标激励能人时，必须对工作目标设定期限，没有期限，目标就永远完成不了。

企业的理想应该具有阶梯性，从公司的管理层到执行层都必须有一个清晰的目标，每个层次的目标都是为组织的总目标服务的，这样的目标管理系统才能起到激励整个公司骨干成员的工作积极性的作用。

在企业的发展中，领袖的理想就像灯塔，为企业指明前进的方向。没有目标的企业就如同失去了方向的航船，即使有最好的水手也毫无作用。所以，企业领袖在鼓励能人为企业打拼之前，应该有一个明确的理想。不可否认，一个聪明的领导者往往懂得为企业的每一个能人制订一个定性定量的理想，让他们的激情与能力能够有的放矢。用崇高的理想来引导企业员工是领袖精神服务力的一个重要表现。

三、领袖身上要凝聚起整个企业的信念

在现实中，企业信念是企业在长期的生产经营管理实践中，根据自身所处的全部社会条件和活动内容，所积累的知识、经历、能力及特定的需要，经过深思熟虑而逐渐形成的、自己认为正确并坚信不疑的观念。企业信念的强度，取决于企业主体的信任程度。值得一提的是，企业的信念往往会在企业的领袖身上反映出来。作为一个企业的领袖，在打造自己企业信念的时候，一定要把凝聚在自己身上的各种理念转化为企业的信念，进而推动企业的发展。

从企业文化的作用上来讲，企业信念对于员工也是一种激励。所谓激励，就是通过外部刺激，使个体产生出一种情绪高昂、奋发进取的力量。研究激励理论的学者认为，最有力的激励手段是让被激励者觉得自己确实干得不错、发挥出了自己的特长和潜能。至于用绝对标准去衡量他们是否真的干得不错，那倒是次要的。在一种“人人受重视，个个被尊重”的信念氛围中，每个人的贡献都会及时受到肯定、赞赏和褒奖，而不会被埋没。这样，员工就时时受到鼓舞，处处感到满意，有了极大的荣誉感和责任心，自觉地为获得新的、更大的成功而瞄准下一个目标。

在企业的成长中，企业信念也可以说是一个方向盘。企业提倡什么崇尚什么，员工就追寻什么。一种信念可以长期引导员工们为实现企业目标而自觉努力。企业信念的导向功能主要是从以下两个方面来发挥作用：一是直接引导员工的性格、心理和行为；二是通过整体的价值认同来引导员工。同样的，企业信念是一种强力黏合剂。企业信念是以种种微妙的方式来沟通人们的思想感情，融合人们的理想、作风、信念、情操，培养和激发人们的群体意识。在特定的信念氛围之下，员工们通过自己的切身感受，产生出对本职工作的自豪感和使命感，对本企业的认同感和归属感，使员工把自己的思想、感情、行为与整个企业联系起来，从而使企业产生

一种强大的向心力和凝聚力，发挥出巨大的整体效应。

因此，企业领袖引导企业发展的时候，一定要注意企业信念的培养，用自己的经营理念托起企业的信仰，凝聚起整个企业的信念，只有这样才能更好地带领企业朝一个更好的方向发展。

山姆·沃尔顿是沃尔玛的创始人。1918 年出生于俄克拉何马的金菲舍镇，他是一个土生土长的乡下人。他用 50 年的时间，将一个小杂货店打造成为强大的商业帝国。2002 年依然位居《财富》杂志“全球 500 强企业的榜首”，经营沃尔玛公司的沃尔顿家族以超出 700 亿美元的身价名列全球富豪第一。正如美国总统老布什在 1992 年授予他美国总统自由奖章时说：“山姆·沃尔顿，一个地道的美国人，他具体展现了创业精神，是美国梦的缩影。”每个人都期望留下一份遗产，山姆·沃尔顿留给我们的就绝不仅是具有传奇色彩的商业数字，而是一笔留给后世的精神财富。特别是这位沃尔玛的领袖身上凝聚着沃尔玛与众不同的经营信念。

在激烈的商战中，作为沃尔玛的领袖山姆·沃尔顿一直坚持着几个重要的理念。

沃尔顿信念一：敬业。山姆坚信，“如果你热爱工作，你每天就会尽自己所能力求完美，而不久你周围的每一个人也会从你这里感染这种热情。”

沃尔顿信念二：所有同事都是合伙人，合伙人要分享你的利润。只有当同事都把他自己作为合伙人，他们才能创造出超乎想象的业绩。

沃尔顿信念三：激励你的合伙人。仅仅金钱和股权是不够的，每天经常想一些新的、较有趣的办法来激励你的合伙人。比如，设置高目标，鼓励竞争，并随时进行区分；让经理们互相掉换工作以保持挑战性；让每个人都去猜测你下一步的计策会是什么，但不能被一猜就中。

沃尔顿信念四：坦诚沟通。尽可能地同你的合伙人进行交流，他们知道得越多，理解得就越深，对事物也就越关心。情报就是力量，你把这份力量给予你的同事后所得到的益处，将远远超出消息泄露给竞争对手带来的风险。

沃尔顿信念五：感激你的同事为公司做的每一件事。支票与股票或许可以收买某种忠诚，而任何东西都不能替代几句精心措辞、适时而真诚的感激之词。它们不花一分钱，但却珍贵无比。

沃尔顿信念六：成功要大肆庆祝，失败也不必耿耿于怀。沃尔顿一直认为，不幸失败，也不妨穿上一身戏装，唱一首歌曲，其他人也会跟着你一起演唱。要随时随地设计出你自己的新噱头。所有这一切将比你想象得更重要、更有趣，而且它会迷惑对手。

沃尔顿信念七：倾听公司每一位员工的意见，广开言路。第一线的员工才是最知道实际情况的。你要尽量了解他们所知道的事情。为了组织下放责权，激发建设性意见，你必须倾听同事们告诉你的一切。

沃尔顿信念八：要做得比客户期望更好。如果你这样做了，他们将成为你的回头客。妥善处理你的过失，要诚心道歉，不要找借口。顾客永远是对的。

沃尔顿信念九：为顾客节约每一分钱，这可以为你创造新的竞争优势。如果是高效运营，你可以犯许多不同的错误而依然能恢复元气。但如果运作效率低下，那么你可能显赫一时，最终却会败北。

沃尔顿信念十：逆流而上，另辟蹊径，蔑视传统观念。对于企业的经营，沃尔顿曾经这样说道：“如果每个人都在走老路，而你选择一条不同的路，那你就有绝好的机会。”

作为企业的精神象征，企业身上所表现的精神往往是一个企业的发展精神。在很多时候，我们要了解一个企业可以从这个企业的领导者身上发现很多企业内在的东西。企业领袖身上的精、气、神往往能在企业身上看到。不可否认，山姆·沃尔顿身上凝聚着沃尔玛的经营信念。沃尔玛公司的成功之处正是我国许多企业的缺欠所在。做企业最需要的正是这种对信念始终如一地追求。

四、富有生气和战斗力的企业需要精神图腾

在一个企业中，当一个企业的领导者升华为企业领袖，那么，企业领袖身上一切精神都可能会演变为企业的发展精神。富有生气和战斗力是一个伟大领袖所要具备的精神，更是一个企业发展所需的精神图腾。

纵观世界历史，能攻打到欧洲的东方人，往往都是一些游牧民族，而对西方震撼最强的，是三个崇拜狼图腾的草原游牧民族——匈奴、突厥以及蒙古族；而攻打到东方来的西方人，也是游牧民族的后代。古罗马城的建城者是被母狼养大的两个狼孩兄弟。母狼和狼孩至今还雕刻在罗马城徽上。后来的条顿，日耳曼民族就更强悍了，强大民族血管里流淌着狼性血液。从历史上看，那些具有战斗力的民族都有自己的精神图腾。也正是这种精神力量的驱动，使得这些民族富有生气和战斗力，在人类的历史上留下让人敬畏的力量。

其实，对于一个企业来讲也是一样，一个富有生气和战斗力的企业需要有自己的精神图腾。正如美国著名管理学者托马斯·彼得曾说："一个伟大的组织能够长期生存下来，最主要的条件并非结构、形式和管理技能，而是我们称为信念的那种精神力量以及信念对组织全体成员所具有的感召力。"而对于一个企业来讲，企业的领袖往往是这个公司的精神图腾。领袖身上所具备的精神往往成为公司追求的方向和经营的理念。

企业精神图腾是现代意识与企业个性结合的一种群体意识。"现代意识"是现代社会意识、质量意识、信念意识、市场意识、文明意识、效益

意识、道德意识等汇集而成的一种综合意识。一般来讲，企业精神总是要反映企业的特点，它与生产经营不可分割。企业精神不仅能动地反映与企业生产经营密切相关的本质特征，而且鲜明地显示出企业的经营宗旨和发展方向。它能较深刻地反映企业的个性特征并发挥它在管理上的影响，起到促进企业发展的作用。企业的精神图腾一旦变成一种驱动企业前进的力量时，就会形成群体心理定式，既可以通过明确的意识支配行为，也可以通过潜意识产生行为。有了这种特殊的精神力量，就可以激发企业员工的积极性，增强企业的活力。具体来讲，在企业精神图腾的影响下，员工将会主动承担责任和修正个人行为，从而主动地关注企业的前途，维护企业声誉，为企业贡献自己的全部力量。

企业精神图腾是全体员工共同拥有的、普遍掌握的理念。这种精神图腾往往也是领袖身上的一种积极精神。不可否认，只有当一种精神成为企业内部的一种群体意识时，才可认作是企业精神。企业的绩效不仅取决于它自身的一种独特的、具有生命力的企业精神，还取决于这种企业精神在企业内部的普及程度及是否具有群体性。

一般来讲，企业的精神图腾是稳定性和动态性的统一。这种精神一旦确立，就相对稳定，但这种稳定并不意味着它就一成不变，而是随着企业的发展而不断发展。企业精神是对员工中存在的现代生产意识、竞争意识、文明意识、道德意识以及企业理想、目标、思想都具有稳定性。但同时，形势又不允许企业以一个固定的标准为目标，竞争的激化、时空的变迁、技术的飞跃、观念的更新、企业的重组，都要求企业作出与之相对的反应，这就反映出企业精神的动态性。稳定性和动态性的统一，使企业精神不断趋于完善。

企业精神的图腾作为企业内部员工群体心理定式的主导意识，是企业经营宗旨、价值准则、管理信条的集中体现，它构成企业文化的基石。值得一提的是，企业精神图腾的形成受不同企业领袖的影响与制约，这是企业精神个性特征和共性特征形成的基础。企业不同的经营内容和经营方式，形成了企业不同的竞争观念、质量观念、劳动观念等，从而制约着企业精神的形成。因此，企业精神图腾反映了企业领袖独特的经营性格，也正是对这种特殊本质的反映，才能形成每一个企业自己的企业精神。可以说，企业精神集中反映了领袖的事业追求、主攻方向以及调动员工积极性的基本指导思想。

总之，企业精神图腾是企业的精神支柱，是企业之魂，是企业在长期的生产经营实践中自觉形成的，经过全体职工认同信守的理想目标、价值追求、意志品质和行动准则。一个富有朝气和战斗力的企业往往具有自己的精神图腾。而颇具个性的企业精神，是塑造良好企业形象的恒定的、持久的动力源。

企业的这种精神图腾一旦形成，就会产生巨大的有形力量，就能对企业成员的思想和行为起到潜移默化的作用。因此通过培育和再塑企业的精神图腾，有利于建设一支富有战斗力的、能够完成企业既定任务的纯洁的员工队伍。同时，通过企业文化的建设和传播，塑造优秀的企业形象，增强企业的知名度和社会美誉度，从而最终达到提高企业核心竞争力的目的。

领袖理想和抱负的服务价值

一、远大的理想是领袖人格魅力的要素

什么是领袖？词典有三种解释，其中一种解释令人赞叹，指能为人表率的人，其实领袖应赋予新含义，也就是说，“发自内心地为人民谋幸福，无私地为人民作贡献”。而对于一个企业领袖来讲，他们之所以

与一般的领导者不一样，往往在于这些人拥有远大的理想和超强的服务力。

调光大师照明科技（上海）有限公司，在“建国60周年国建筑电气行业成就与发展论坛”斩获三项大奖，紧接着又获“读者最关注企业”奖、“2009年度最佳商业模式”荣誉称号等。调光大师董事长陈俊村表示，公司之所以有目前成绩得益于公司实施了正确战略：完全摒弃业内一贯低价混战、无序竞争、涂鸦般市场策略，专心做“好产品”，做“好服务”。好产品永远为好服务而准备，顾客不仅购买满意产品，更想要一种尊贵服务。

国客车“领头羊”宇通刚刚荣获了“国汽车南美出口贡献奖”，短短五年间，公司产品服务网点已遍布非洲、欧洲、美洲、亚洲，其最重要的法宝就是“服务力”。华为公司内部会议纪要曾提出“虔诚地服务客户是华为存在的唯一理由”。因此说，只有诚信才能永续经营，只有服务才能基业常青。

海尔张瑞敏铁锤砸冰箱的故事，妇孺皆知。我认为这主要是雄鹰般的勇气使然。我相信，张瑞敏在决定挥锤时刻，一定是痛苦的，同样也是毫不畏惧的。

在家电行业，还有一个“壮士断腕”的故事。

格兰仕公司前身是生产羽绒制品的广东顺德桂洲羽绒厂，该厂成立于1979年，以手工操作洗涤鹅鸭羽毛供外贸单位出口，年产值46.81万元。经过十几年的发展，1992年6月，公司更名为广东格兰仕企业（集团）公司，格兰仕牌羽绒系列制品全国总销售额达3000万元，集团公司总产值1.8亿元，年出口达2300万美元。

1991年，格兰仕创始人梁庆德认为，公司的羽绒服装产业虽然在国内名列前茅，利润不菲，但是出口前景不佳，难有大作为，应从现行业转移到一个成长性更好的行业，决心放弃羽绒生产，转战家电业，生产微波炉。梁庆德的决定遭到了政府领导及部分高层的反对，大家不能理解，好好的现成生意放弃不做，偏要去选择一个一无所知、一无所有的家电行业，并且是听都没听过的微波炉。

事实证明，格兰仕20年前的壮士断腕是正确的，格兰仕经历长达数年的“修炼”，最终成为微波炉行业的中国冠军乃至世界冠军。格兰仕，获得了重生，缘于战略的正确，然而战略的正确，不能不归功于梁庆德有雄鹰般的勇气。

“君子立长志，小人常立志”，领袖，心中有大爱，胸中有壮志。

二、领袖没有野心，下属就没有信心

对于企业领导来讲，野心是一个好东西。野心不仅能使自己迈向成功，也能激励他人实现自己的梦想。领袖的野心往往是领导力的重要体现之一，也是一个领袖服务力的所在。企业领导者野心强烈，那么这种野心也会传导给下属，增添下属们的信心，进而激发员工的工作热情。因此，领袖野心对于企业的下属来讲起到了催化的作用。可以说，一个没有野心的领导，下属也将对他所领导的企业和工作失去信心。

苹果公司的精神领袖乔布斯可以说是优秀的野心家。前战略和营销副总裁特里普·霍金斯曾经这样评价乔布斯道：“史蒂夫的抱负中蕴涵的力量大得吓人，当史蒂夫对一件事坚定不移时，可以说那股力量能摧毁一切障碍，吓得所有异议和困难都不敢出现了。”由此可见，乔布斯将自己领袖的魅力，已经发挥得淋漓尽致。乔布斯用自己的一生，给那些缺乏领导野心和魅力的人，树立了一个学习的标杆。

领导者如果想领导一群人与自己并肩作战，而且跟自己同一条心去奋斗，关键就在于领导者是否具有领袖的野心。如果领导者不能以自己的野心去征服员工，便不可能激发他们的工作热情，员工也不可能有更大的作为，最后只会形成一盘散沙，成功自然也就成了自己一相情愿的奢望。乔布斯正是明白了这一点，才迫不及待地将自己的野心公之于世。

可以说，一个人要想征服一群人，可想而知他所蕴涵的力量必须十分强大，而这些力量的源泉就是野心。只有有野心，才能够激发团队全体成员内心的潜力，因此，一位优秀的领导者所要做的，便是将自己的野心暴露给员工、竞争对手，并以此点燃员工们的工作热情。

乔布斯最令人着迷之处，就在于他怀抱着改变世界的野心。PPT的发明者坎贝尔，年轻时曾在丹佛一家小软件公司当程序设计员。1977年，他为苹果电脑写了一个关于基础会计的软件，乔布斯非常欣赏这个年轻的电脑高手，便打电话邀请他来加州见面。当时的乔布斯还默默无闻，坎贝尔也没怎么听说过他，因此，在会见乔布斯之前，坎贝尔马不停蹄地拜访了多家公司，希望能找到适合自己的职位。

坎贝尔拜访的第一家公司，就是苹果公司的竞争对手泰迪。当坎贝尔询问泰迪的高管，他们对个人电脑的未来有什么看法时，泰迪的高管说道："我觉得它会成为人们在圣诞节相互赠送的大礼，它简直就是下一个民用波段收音机！"民用波段收音机是当时最时尚的产品，泰迪的高管认为电脑也会成为一种时尚，然而，坎贝尔对于这一答案并不感兴趣。

紧接着，坎贝尔又去了其他几家公司，并问了同样的问题，但他们的答案都没有打动坎贝尔，最后，坎贝尔才见到了乔布斯。坎贝尔回忆道："乔布斯讲的故事太精彩了，他滔滔不绝地讲了一个小时，关于个人电脑如何改变世界，他为我描述了一幅宏伟的蓝图：在未来，我们的工作、教育、娱乐等一切都将被个人电脑所改变。我想，没有人能抗拒这么美丽的梦想。"

乔布斯用他的远见和宏图震撼了坎贝尔，坎贝尔当即加入了苹果公司。30 多年以后，每当坎贝尔回忆起与乔布斯会面的情景，都会兴奋不已，他说道："史蒂夫是一个怀抱着改变世界的野心的人，他能够看到海的那头。"与此同时，坎贝尔认为这正是乔布斯与其他领导人最为不同之处。

创业之初，苹果公司能吸引大量投资的关键，也在于乔布斯这种令人深深折服的野心。当他创立人生中的第二家公司 NeXT 时，他不但将苹果研发团队的核心力吸引到自己身边，还成功地吸引了不少机构和个人来投资，如佳能公司就向他投资了一亿美元，就连竞争对手微软的比尔·盖茨，也给他投资了一笔不小的资金。

苹果公司创立之初，像沃兹·尼亚克、杰夫·拉金斯、迈克·马库拉这些合作伙伴，也都加入到了乔布斯的寻梦之旅中，没有这些人，也就没有苹果的今天。如今，乔布斯的身边也有一群才华横溢、富有智慧的人，如设计师乔纳森·伊夫、总裁蒂姆·库克、营销副总裁菲利普·席勒等。如果不是被乔布斯的雄心壮志所吸引，这些人也不会始终如一地跟随着乔布斯。

要做好一个领导者，个人的魅力和强大的野心才是成功之道。如果一个领导者只满足当前的成就，毫无野心的话，他的下属们就不会释放出更大的工作热情，这种安于现状的团队，永远都不可能获得更大的发展。乔布斯就曾指出，领导者的野心不是夸夸其谈、不是喊口号，而是用实际行动去实现。巨大的野心再加上切实的行动，才能激发出员工的斗志，成为征服对手的利器。

一个平凡的领导者和一个有野心的领导者最大的区别在于，前者是见好就收，太容易满足而不求进取，一旦得到舒适安逸的位置就不再努力；而后者却截然不同，他们有着一个清晰的奋斗目标，一个目标完成了，下一个目标就会立即推出，并且，他们还会尽力寻求不满足的地方，以发现自己的缺点，并作为改进的突破口。

我们都不想成为一个失败者，都想在人生的舞台上留下成功的足迹，因此，我们必须让自己的野心再大一点。即便我们现在还不是一名领导者，也要具备领导者的野心。这样的野心，能使我们获得更多前进的动力，而不是停在原地等待机会的来临。唯有这样，成功才会悄悄地降临在自己身边。

领袖行为的实施依靠的是下属的自愿追随。对于企业领袖来讲，要真正实现下属追随的自愿性，必须给予下属追随他的信心。这个信心源自对领导者个人魅力的认可，更是源自于企业领袖本身所具有的信息。不管从哪个角度来说，作为一名优秀的领导者，都必须善于拥有野心，这样才能更好地培育、增强下属的信心。

三、共同的奋斗目标是鼓舞企业前进的牵引力

我们知道，磁石之所以可以吸铁，不光是因为他们的物理特性，铁的吸附是源于共同的特性，所以企业的长久发展需要共同的奋斗目标。在企业的管理中，当企业领袖一旦确立起了企业的共同奋斗目标，这样才能调动企业员工的积极性，进而鼓舞企业前进。可以说共同的奋斗目标是鼓舞企业前进的牵引力。企业共同的奋斗目标就像灯塔，它是指引我们走向成功的方向。企业的目标是企业员工为之奋斗的动力与方向，是形成团队精神的核心动力。那么，作为企业领袖应该怎么打造以及如何实现这个目标呢？这主要从以下三个方面着手。

1. 领袖要增强团队的整合力和个体的驱动力

（1）个体驱动

将个人的自我实现与团队的利益相结合。个体驱动立足于员工的自尊和自我实现等心理需要，使员工渴求不断地完善自己，将自身的潜能发挥出来，热情主动地投入任务的完成。

（2）行动整合

团队的进步需要步调一致，在统一思想观念的基础之上，要随时去训练、指导和帮助“短板”队员，同时要充分发挥团队成员的技能互补作用，实现团队内部最大限度的融合。

（3）思想整合

增强团队的凝聚力。只有企业领袖在思想意识上高度统一没有分歧，才能保证团队内部个体力量与目标方向相同，避免“内耗”现象。

2. 领袖要增强团队成员的价值认同感和共同发展的环境意识

（1）构建学习型团队

构建学习型团队的目的就是内强素质、外树形象，根据实际工作需要，通过不断学习新的知识和技能，充实自己，提高自己，以更好地满足团队发展需要。

（2）实现人情化管理与激励

企业的制度是硬的、冷的，原则是“方”的，必须要坚持。但在企业团队建设中，各种形式的人情化管理又是软的、热的，是灵活的，是“圆”的，它对团队起到了关键性的稳定作用，也能激发团队的整体创造力。激励是实现人情化管理的一项重要措施，来自精神和物质方面的有效激励可以起到激发员工的个体驱动和稳定员工的作用。

3. 企业领袖必须要有较高的个人魅力和领导艺术

无论团队的类型如何，都对团队领导提出了很高的要求。团队领导的能力按照玛西雅的理论，应该具备多样性管理的才能和技能，临危不惧，战略机敏。

同时，团队领导者的领导艺术也至关重要。领导个人的力量是渺小的，关键靠团队的广大员工。领导的根本职责就是要用其精湛的领导艺术为大家创造一个良好的工作环境，发挥团队中每一成员的聪明才智和冲天干劲。只有这样团队才会成为一支具有激情与活力的团队，团队的力量才是无穷无尽的。

总之，一个企业的共同奋斗目标是一个企业取之不尽、用之不竭的动力。在企业管理中，伟大的领袖总是善于打造集体的奋斗目标，并把它当成企业进取的一个重要的力量。

富有激情是产生梦想的心理介质

一、激情保鲜不仅关乎领袖个人，更会影响企业精神

有这样一句话：火车跑得快，全凭车头带。其实，在企业的经营管理上也是一样。一个企业发展的好与不好很大程度上都是由企业领导层面的因素决定的。企业领导者的精神状态往往会影响到整个企业的活力以及战斗力。特别是企业领袖的激情往往决定着整个企业的活力乃至企业生存状况。因此，企业领袖在带领自己的团队的时候，一定要注意激情的保鲜。懂得让领袖的激情在企业内部得到传递，这样不仅仅能够激发员工的积极性，而且能够激活整个企业。

激情是对所有领导人、所有企业的要求，不论企业在成熟，还是正欲变革，是在成长，还是在初创阶段中，激情领导始终是企业成功要素中的一种。作为企业领袖激情保鲜不仅仅关乎个人，更是影响到整个团队的斗志，进而影响企业的精神。

不可否认，员工的工作激情除了受到自身的兴趣、爱好及性格特点等方面因素的影响外，也会受到成长环境、工作性质、企业文化、企业领导等方面因素的制约，这对企业的精神状况是非常重要的。

应该说，每个员工心中都有一种英雄情结，只要领导用心去点燃它，它就会释放得很灿烂。激情领导的激励方式是一个播种机，一个企业要

想保持长久的激情，领导者必须保持一贯的作风，善于发现管理中出现的问题，及时地推动流程变革，将激情的种子像播种机一样撒播在企业的各个团队之中，让大家都有创新的思维。员工的潜力其实就像是一座休眠的火山，不断地激发有活力的员工，同时影响那些已经有些惰性的老员工，将休眠的火山变成一座喷发激情火焰的火山才能使企业的活力发挥到极致。同时，激情领导不仅仅可以在企业内部建立充满活力、创新的企业文化，而且可以将这种激情通过服务传递给客户。让企业喷发出的激情将更多的热量照耀到更广阔的地方，为企业发展提供更大的动力。

2002年，叶莺被选为柯达公司全球副总裁，这是华裔女性第一次出现在世界500强企业高级领导岗位上。激情是叶莺人生的追求，也是她领导的特色。业内人士对柯达公司的评价是：不但决策层很有激情，而且整个公司里的各个团队都非常有激情，甚至公司外部的人都被那种激情、那种投入所感染。叶莺在总结企业成功经验时说，企业的领导用领导的激情让员工充满激情，这样的方式最重要的是体现了企业对员工的个人尊重，让员工很容易感到企业文化中的人文气息。

既然企业领导者对员工的工作激情有很大的影响，我们也清楚领袖是如何影响员工的工作激情。那么我们可以通过一些方式或手段，从企业领导者的角度来激发和保持员工的工作激情。

企业领袖在企业文化方面主要起着表率模范的作用，他们的言谈举止、个人偏好都会向下属传递一种信息：什么样的行为是组织所认可的，什么样的价值观是组织所倡导的。因此，企业领导者应该比较客观地认识自己的个人偏好与处事风格，尽可以把好的行为方式和价值观导入企业文化，而不要将个人的喜好等同于企业文化。企业领导者还应该引导全体员工通过故事、仪式、物质象征、语言等去构建和传递轻松友好的企业文化，让员工在宽松的工作气氛中积极开展工作。

激情不是耗不尽的，也不是永远不衰竭的。有人做过这样的实验：把一只跳蚤放进玻璃杯里，跳蚤会立即轻易地跳出来。如果给杯子加上玻璃盖，跳蚤就会重重地撞在玻璃盖上。一次次被撞，跳蚤开始变得“聪明”起来，它开始根据盖子的高度来调整自己所跳的高度。不久，跳蚤再也没有撞击到盖子，而是在盖子下面自由跳动。两天后，实验者将盖子拿掉，跳蚤还在原来这个高度继续跳。一周后，这只可怜的跳蚤依旧不停地跳着——它已无法跳出玻璃杯了。跳蚤无法跳出杯子的最主要的因素是缺乏跳动的激情。

其实，企业的经营和管理也是一样的，激情是企业的促进剂。很多企业的领导怀揣绿色梦想入伍，激情澎湃，屡屡去尝试成功，却因为经验不足等诸多原因而事与愿违，不少人开始抱怨世道不公，抑或怀疑自己的能力。他们不是坚持不懈地去追求成功，而是一再地降低成功的标准——即使原有的一切限制已取消，就像那个“玻璃盖”虽然被取掉，但他们早已被撞怕了，进而失去了前进的激情。

因此，领袖在引导企业前进的同时，一定要保持领袖本身所具有的激情，及时做好激情保鲜。这也是我们常说的激情领导。激情领导是指经理人通过点燃员工的激情，使员工的潜力充分运用到工作中，使工作绩效水平得以大幅提升的领导方式。激情领导是一种特别的激励形式。激情与激励机制是相互映射、相互支撑的，在激情领导下，会促进良性机制的发展；在良好的机制下，激情领导会发挥更大的作用。近来，激情领导成为领导激励的新方式。应该说，激情是企业文化的原动力，因为有了激情，才可以将企业的潜力开发到极致。

当领导充满激情的语言与行为激活了团队以后，这段激情就可以持续一段时间。因此，在这期间激情保鲜是非常重要的，在平时的工作生活中，领袖应该要不断地为自己创造激情，为公司创造激情。当企业的领导者把浑身解数用完以后，领导者还有哪些途径使自身充满动力呢，领导者创造激情的注意事项，通常有以下几种途径。

1. 领导者要经常激励

领导者一旦发现使自己有快乐的时光，就去增加它，发现使自己不快乐的时光，就去减少它。但领导者想通过激励刺激外界产生激情的话，领导者得要注意，如果领导者的激励是想得到一个团队，领导者就得到个人。这就叫做种瓜得瓜，种豆得豆。企业任何员工是按激励机制做事情的，领导者不激励的事情，企业员工是不会做的。这样做的事才有意义，领导者考核员工就认真做，领导者不考核员工就不认真做。这叫组织的功利性行为。在不鼓励和非考核的范围内，去做一些有利于企业的事情是企业想要的。但员工的精力是有限的，当员工顺手牵羊的时候，员工可能做一些不考核的事情。因此，领导者鼓励什么，将得到什么。

2. 自发性激励

公司的经营有自发性的一面，也有规范性的一面，自发性即员工自动自发。激情型领导者要做的不单单是自己的领导有激情，更重要的是让领导者把激情传递给他的团队，激发出团队自发性。

3. 冷处理激情

激情需要冷处理，耶鲁大学经济管理学院教授哈马斯·埃尔在回答迈克尔·戴尔的问题时强调："当领导者以充满激情的语言与行为，激活了团队以后，这段激情就可以持续一段时间。当进入正规化以后，需要冷处理一下。过一段时间以后，他又会和先前一样沉闷，又需要注入激情。"

4. 作为服务力的领袖必须不断充电

领导者用自身的魄力无限吸引自己的追随者，当自身的激情用完以后，领导者就要不断地为自身充电；这个充电还包括不断地吸取教训、接受别人的意见，否定自己并不意味着排斥他人，而是要接受别人。

5. 建立起信任感

杰克·韦尔奇直言：“还要要求他们有激情，几乎是不可能的，传统上，至少有个磨合的过程。但我做的是首先要显示我对这份工作的激情，在员工当中建立起信任感。因为传统的做法是，任何一个新任总经理，领导者做的每一件事，是做人事变动，所有的高层，最担心的是被这个洗牌洗出去。我对他们说，你们一定很困惑，一定很彷徨，甚至有些担忧，但我可以保证，未来6个月当中，我不做任何的人事调整。让我们一起来看看公司未来的路怎样走得更好。”员工信任领导者，才会有激情投入工作。

6. 领导要不断地自我否定

不能不断地否定自我，就很难有动力去做事情。要明确企业未来的愿景，同时，让员工知道这个愿景是不是能够轻易实现的，危机会不会真的到来，并且，要让员工觉得，危机的到来对其不利因素有哪些。

总之，企业的领袖是企业精神的象征，在整个企业的管理中起到了导向的作用，也因此企业领袖的激情与活力就显得非常的重要了，一个聪明的领导者总善于激情保鲜，把自己的最活跃的一面呈现给自己的员工。

二、有梦想的人才能成为有感召力的领袖

感召力可以说是一种领袖内在气质。是一个人具有的一种人格特质，尤指那种神圣的、鼓舞人心的、能预见未来、创造奇迹的天才气质。具有这种气质的人对别人具有吸引力并受到拥护。具有此人格特质的领导者，称为魅力型领导。这种影响力不是建立在传统的职位权威上，而是建立在下属对领导者具有非凡才能的感知上。美国心理学家昂格和康南的魅力型领导理论把魅力视为一种归因现象，魅力型领导者往往具有远见卓识，自我牺牲性强，有高度的个人冒险倾向，能使用非常规策略，有准确的情境

估计能力，自信心强，善于使用个人物质权力等。

在现实中只有敢于梦想的人才能成为具有感召力的领袖。不可否认的是，欲望是所有成功的起点，不是希望或愿望，而是超越一切的、强烈的欲望。梦想家和领袖、成功者之间有一条清晰的界限。梦想家专注的热情只为实现他的梦想而增长。只要能确保达成目标，这个欲望本身就能驱使他成功并充满活力。除了工作狂的表现外，人们可以从他充满欲望的眼神中得到激励和启发。

一个人的梦想是如此神奇，它能够赋予你无穷的自信和力量，使你和周边的人都受益。当你知道从哪获得想要的东西，以及如何获得想要的东西时，你就敢冒天下之大不韪，去作出最伟大的决定。你对梦想的态度永远是积极的。是否还记得马丁·路德·金经典演讲“我有一个梦想”，这个演讲表达了黑人和白人团结起来的愿望。马丁拥有梦想，并力排众议。为了向人们展示一个更美好的和平世界，他站在了成千上万人的对立面。他的自信和力量的源泉正是拥有并坚持梦想。

梦想家能够成为领袖的最重要的原因之一，就是倾注全身心。一个人的梦想是发自内心的。梦想不仅源于头脑更源自内心。当你发自内心地工作时，工作的愿望就更强烈。梦想拥有使你获得成功的驱动力，因为梦想来自内心。一个梦想者能在不断挫折中坚持梦想，也是因为他内心渴望实现梦想。有了这个前提，梦想的能量就自动迅速飙升。麦当劳的拥有人，在他贷款开始自己的事业前就经历过八次挫败。

对于没有梦想的人来说，是开始做梦的好机会。当然这并不是指白日梦，而是最接近你内心的梦想。

其实，在内心深处，每个人都渴望被崇高的精神所打动。崇高的目标不仅能推动自己，更能推动他人，带来振臂一呼应者云集的效应。当乔布斯重回苹果公司时，他发现公司的问题就是过去的那种鼓舞人心的奋斗理想没有了，他拯救苹果的第一个也是最重要的措施，就是重塑统一的企业理念，用梦想去带动大家。有什么样的境界，有什么样的高度，将决定你能走多远。当一个人超越了对个人得失的计较，当他是为更崇高的目标而努力时，他就会有势如破竹的力量，正所谓“得道多助”。

所以，当我们天真的孩子提出一些伟大的不切实际的梦想时，我们要支持、引导，不要轻易把他拽回到地面上。当孩子长大一些，变得现实了，开始羞于谈论理想和境界——因为怕显得不成熟，那时，让我们小心地保护好他心中理想的火苗吧。诸葛亮在《诫外甥书》中对晚辈的忠告就是：“志当存高远。”我们要相信，一个有崇高目标的人，一定能有充实的精彩的一生。

一个具有感召力的管理者，是一个团队的核心，是团队中每个人效仿的对象；一个具有感召力的管理者，可鼓舞团队中每个人的士气，充分调动个人所长，发挥每个人的主观能动性；一个具有感召力的管理者，可有效影响整个团队的发展。

权力性感召力指的是由组织赋予的在领导者实行之前就已经获得了的要使被领导者服从的影响力，这是一种强制性的影响力。这种感召力带有强迫性，以外部压力的形式来发生作用。在它的作用下，被影响者的心理与行为主要表现为被动和服从。因此，这种影响力对人的心理和行为的激励作用是有局限性的。对此，列宁指出：“保持领导不是靠权力，而是靠威信、毅力，丰富的经验，多方面的工作以及卓越的才能。”

非权力性感召力指的是除社会分工之外，完全由领导自身素质所产生的感召力。非权力性感召力不带有强制性，并且有稳定、广泛、长远的影响作用。它来源于领导者的威信、毅力经验和才能，潜移默化地作用于被领导者的工作和生活之中，其目的仍然是实现领导与被领导思想意识和行为准则的相对一致。“其身正，不令而行，其身不正，虽令不从”，非权力性感召力的有效性与权威性，在相当程度上起着决定性作用。

三、树立领袖榜样，成为部下名副其实的领路人

在企业管理中，很大程度上企业的领袖是一种精神象征。一个企业的领袖往往是员工心中的榜样和楷模。可以说，有什么样的企业领袖，就有什么样的下属与企业。也因此，企业领导者在带领企业前进的时候一定要树立起自己的楷模，让自己成为下属的领路人。

从管理层面上来讲领袖的榜样力是领袖服务力的重要组成部分，这种精神意志的引导力在企业的管理中甚至不亚于领袖的执行力。

正如海尔领导人张瑞敏曾经所讲的一句话："管理者要是坐下，部下就躺下了。"在企业的管理中，领袖只有以身作则，和下属一起用行动来实现自己的号召，才具有最大的说服力和影响力。在企业中，领导者的下属叫做被管理者，领袖的下属叫做追随者。被管理者往往是被动的，而追随者往往是主动的。管理者要成功领导下属，让下属心甘情愿地接受领导，由被动变主动，自发地追随管理者，就必须树立卓越的管理能力和超强的人格魅力，成为下属的精神领袖。

可以说，具备了领袖特质的领导者，是企业最具价值的活财富，是提升企业凝聚力，增强整体战斗力的强大支柱。在管理界，有这样的说法："企业文化就是老板文化"，"部门文化就是领导文化"，也就是如果一个企业的领导者作风不正，那么下属的行为作风也会受到影响。可想而知一个工作拖拉，执行力欠缺的领导者，下属的工作行为也不会好到哪去。

曾经轰动一时的抗战电视剧《亮剑》给很多企业管理者上了生动的一课。剧中主人公、独立团团长李云龙每次冲锋陷阵都想抢在最前面，政委赵刚及其他指战员对此都很担心，但他却回答说："如果我不冲锋在前，那么战士们又有谁会勇猛作战呢？"他正是以这种激情影响着每一个战士。

这就是身先士卒、以身作则的作用。俗话说，"上梁不正下梁歪""火车跑得快，全靠车头带"，如果管理者能积极地示范，给下属作导向，就

可以调动下属的热情和积极性，激发他们努力向上的干劲；反之，如果管理者态度消极、逃避责任，只能消减下属的斗志，甚至让下属对前途失去信心。对下属来说，管理者的行为示范具有巨大的激励作用，它远比豪言壮语、规章制度更能激励人心。

在微软，有一种浓厚的工作氛围，就是“工作第一，以公司为家”。每个员工对于工作都怀着极高的热情，经常没日没夜地工作，甚至一连几天都不休息。在微软，比尔·盖茨对工作非常地狂热，这带动了员工的工作热情。比尔·盖茨对员工的期望值很高，表现出来的是大量的批评、极大的压力，员工一旦出错，他绝不手软，但对于表现出色的员工，则给予极高的物质和精神奖励，这大大提高了员工的工作热情。

比尔·盖茨表现出来的这种狂热，让人们觉得他是在做榜样，是在培养一种工作狂的气氛。微软的所有员工，工作压力都很大。哪怕只是刚来微软公司的员工，都很少在晚上9点以前回家。一位员工这样评价比尔·盖茨：“他不但是个工作狂，而且要求很严格，如果部下认为办不到的事，他会自己拿回去做，且迅速而准确地做到几乎完美的地步，让大家佩服得五体投地。”

因此，微软公司的全体员工，都能够以一种“日也操劳、夜也操劳”的工作方式毫无怨言地努力工作。他们厌恶好逸恶劳的人，对那些没有什么才能的人更是一点都不客气。在比尔·盖茨的带动下，员工们相互追赶，夜以继日地为电脑奋斗。

振臂一呼，应者云集的人格魅力，不是一个管理岗位所能赋予的。没有了作为追随者的下属，作为被追随者的管理者，只是一个靠职位实行威慑管理的空壳，甚至可以说是下属成就管理者。管理者永远是下属目光的焦点，要想让下属工作积极、态度认真，管理者必须以身作则，养成同样良好的工作习惯和道德修养，以供下属模仿和学习。我们通常所说的“言传不如身教”，就是这个意思。

日本本田技研工业总公司的创始人本田宗一郎每当遇到棘手的事情时，总是自己率先去干。因此，公司里的年轻人都非常佩服他的这种身先士卒的垂范作风。

一天，为了谈一宗出口生意，本田宗一郎和同事藤泽武夫在滨松一家日本餐馆里招待一位外国商人。外国商人上厕所时，不小心将假牙掉进了洗手间的粪池，外宾的心情由此而受到影响。本田宗一郎二话没说，跑到厕所里脱光衣服，跳下粪池，用木棒小心翼翼地慢慢打捞，找到了假牙。然后，他反复冲洗干净，并亲自消毒处理，然后试了试，确保完好无损后才将假牙交还给客人。

这件事让那位外国人很受感动，立即与他签订了合同。藤泽武夫目睹了这一切，感慨不已，认为自己可以一辈子和本田宗一郎合作下去。

这正如著名管理学家法约尔所说的：“领导做出榜样是最有效的工作方法之一。”身为老板，本田宗一郎本可以选择用钱来解决这个问题，甚至可以选择暂停谈判，等对方心情好了再继续，但他没有这么做。他亲自示范，做了最棘手的事、最艰苦的活，让员工们明白，要想成功，就得这样敬业，这样付出。

孔子说：“其身正，不令而行；其身不正，虽令不从。”意思就是说榜样的力量是无穷的。管理者的一举一动都会被下属看在眼里，给下属留下深刻的印象。“喊破嗓子，不如干出样子”，与其整天为下属不努力工作而大伤脑筋，不如自己一心一意地工作；与其大张旗鼓地要求下属为企业拼命，不如自己先拿出一百倍的激情。

在现实的企业管理中，很多企业领导者不可能时时刻刻管着下属，最高明的管理是“无管理”，也即中国的最高境界“无为”，其实就是实现下属的自我管理。不过这有一个前提，就是管理者首先要做好自我管理，争取成为下属的榜样，这样才能让下属变“照我说的那样去做”为“照我做的那样去做”，心悦诚服地听从我们的管理。

四、理想和抱负是企业创新的原动力

很多人都有梦想，但之所以没能实现，多半是由于梦想的强度和高度不够。

你的梦想和愿景究竟有怎样的高度？成功与否就在于此。乔布斯说过：“我从不为了钱而活着，一点儿都不关心死的时候是不是最富有的人，而是每晚入睡前都能自豪地说，我们的确干了一番事业——这才是我最在乎的。”乔布斯有时的行为似乎也表现得对钱很计较，但我想，这大概只是追求完美的性格所致，或许他暗地里认为自己更有能力把这些钱用得更合理。

作为商人，在过程中追求利润当然没错，但是如果把追求财富看做终极目标，那他注定是要失败的。所以，成为有钱人永远不应该是我们的最终梦想。

很多时候，我们看到其他人正以比自己快得多的速度前进和发展，却不知道为什么。或许其中的秘诀不在于他们有更多的天赋，而在于他们有更远大的抱负。教练型领导者都能够善于运用教练技术让自己设定自己的领导发展志向。

一个周末的晚上8点，在一家餐厅里，罗总坐在教练的对面，在娓娓的钢琴曲中，他跟教练谈起他对自己事业的忧虑。之前教练知道罗总很有可能成为他所在公司的执行总裁。

罗总告诉教练说：“在这家中国十强民营企业里有很好的工作。过去的几年里我一直十分努力，做出了成就并获得晋升。”他耸耸肩膀又接着说："但是，我的职位越高，越发现很多人和我谋求同一个职位。我拿不定主意，是应当继续为目标奋斗，争取公司的最高职位呢，还是应当集中精力作出成就，或者从事其他的什么呢？我们公司一向把远大抱负看成是人格缺陷，想保持这种雄心抱负的最佳方式就是千万不要表现出来。否则就会成为枪打出头鸟——经常被嫉妒者攻击。"

"罗总"教练接过话说，"具有远大的抱负并不是一件坏事，这是我们首先要弄清楚的一点。抱负也是一把双刃剑，必须谋求一种平衡状态。从一方面说，它给我们争取最高职位的动力。世界上许多著名的领袖人物都是雄心勃勃的。但是从另一个方面说，它不仅是赚钱和谋权的动力，而且表现了我们渴望作出成就的心态。许多领导者都有很大的抱负，却从不为此懊悔。"

教练接着跟罗总讲了一个他辅导过的一个肖总裁的故事。当肖总成功升任该公司总裁后，找教练谈起他成功升任的一些事情。教练问他说，"恭喜你做到总裁了。可以告诉我你是怎么做到的吗？"肖总回答说，"我有当总裁的雄心，也想产生影响力。我常常凝视办公大厅另一头的总裁办公室，突然有一天顿悟，那将是我的位置。这就好像我在看一条没有任何出口的长廊一样。我明白了自己的抱负后，就问自己想要成为什么样的人，以及怎样才能成为那样的人。"

肖总接着说："我意识到，自己需要展示出一位有影响力的领导的风范，同时还要向总裁和其他主管靠近，不能只当一个尽忠职守的士兵：奔赴前线，断臂负伤，心里还盘算着获得勋章。有一天我的老板对我说：'我想让你做件事。'我回答道：'如果我为你做这件事，那么你为我做什么呢？'此外，我还确保自己做的事和获得的机会都是能够有所成就的，尽自己的最大努力完成工作，创造性地解决问题，与他人结成同盟并主持事务。你知道，优秀人才就像一吨钻石一样闪闪生光。”

罗总听了教练讲的例子，喃喃道：“这太奇妙了！也许我的抱负还不够大，也许还不够……”

伟大的领导者都有远大的抱负，这抱负不仅局限于赚钱和谋权，而是要完成一个很高的目标。与此同时，他们可能会把赚钱和谋权作为达到目标的手段和途径。远大的抱负是人生大干一场的基础。正是这种内在的动力鼓励领导者去扼住命运的喉咙，而不是任人摆布。

抱负是生活的胃口，而健康人的条件之一就是要有一个好胃口，其中不仅包括对财富和权力的渴望，还包括做出成就的决心、食物、钱、性、情等方面。很多情况下，人们的胃口不是太大了，而是太小了。允许自己具有远大的抱负，并带着这个抱负成为卓越人物，这是事业成就卓越的基石。

要达成这个目标，首先要抛弃束缚我们的观点和假定，就好像“当一个好士兵，你会出人头地”。虽然当个好士兵很伟大，完成工作时心甘情愿自我牺牲，但是这和出人头地没有什么联系，尤其是当我们接近高层，和许许多多的争取同一个职位的人在一起时。

卓越的领袖都是胸怀抱负，他们都有着共同的特性，那就是理想远大，进取心强，也正是这些领袖特性富于他们使命感和创新意识。也可以说，远大的理想是他们创新的强大动力。

作为领袖的理想抱负，如何宣示和外扬

一、描绘美好的愿景，播撒希望的种子

作为企业的领导者，领袖的服务力不仅仅表现在你的经营能力上，你

的理想抱负对于企业发展促进以及指引作用。领袖的理想抱负往往会影响员工乃至整个企业的战斗力。因此，在现实的基础上领袖要给员工描绘出一个美好的企业愿景，在员工的心里播撒希望的种子。

愿景，是企业永远为之奋斗并希望达到的图景，它是一种意愿的表达。愿景不仅描绘了令人向往的未来，可以团结人，调动人的潜能，激发员工为实现企业目标而努力。愿景，包含了两大部分——核心信仰和未来目标。其一，核心信仰又包含了企业的核心价值观和使命，它是用以规定企业的基本价值观和存在的原因，是企业长期不变的信条，如同把组织聚合起来的黏合剂，核心信仰必须被企业员工共享，它的形成是企业自我认识的一个过程；其二，未来目标是企业未来10~30年欲实现的宏大愿景目标以及对它的鲜活描述。企业愿景，体现了企业家的立场和信仰，是企业最高管理者头脑中的一种概念，是这些最高管理者对企业未来的设想。然而企业愿景不仅仅对于企业和员工都有着巨大的影响和作用。美国福特汽车公司亨利福特在一百年前说他的愿景是："使每一个人都拥有一辆汽车"，正是这个美好的愿景使福特成为当时世界第一的汽车公司。

曾一度师从经济学大师弗里德曼的美国管理学家加里·胡佛在他的《愿景》一书中明确指出：伟大的企业之所以伟大，是因为它们能够看到别人看不到的东西，将洞察力与策略相结合，描绘出独一无二的企业愿景。可见，愿景之于企业多么重要。

蒙牛集团在呼和浩特刚刚建厂房的时候，面对那一大片荒地，牛根生就站在荒地上，面对蒙牛的核心团队成员说："兄弟们，好好干，几年之后，这个地方就是一片现代化的牛奶生产车间，旁边就是宽阔的高速公路！"

当时，那里的的确确就是一片荒地，可是牛根生的一席话让大家觉得希望像小草一样在心里生了根发了芽，身上也有了干劲儿和动力。这样一来，大伙儿齐心协力，牛根生勾勒的"愿景"果然兑现成真了。

海尔的张瑞敏更是提出了“敬业报国，追求卓越，做行业第一”的口号，使海尔人热血澎湃，如今做到了世界500强的水平和规模。无论是普通的生产人员还是高技术人才，都在张瑞敏这句充满魔力的话语的鼓励下，上下同欲，充满激情。海尔技术中心部的张汉奇博士就谢绝了许多外企的高薪聘请，坚定地留在了海尔，他解释说：“海尔给了我一种信仰，在海尔我能看到民族工业的明天，我为自己是一个海尔人而自豪!”

这就是愿景的力量，它让人心怀憧憬，进而产生无穷动力。需要注意的是，共同愿景不是为员工们搭建的“海市蜃楼”，而是一种目标，力求达到一种“人企合一”的效果，让员工把自己跟企业的命运牢牢地拴在一起。

普通的领导者与领袖的区别在于，领袖总是会用梦想和愿景来激发手下那些能人们奋发向上的斗志，为企业创造高效的动力源泉。许多企业领导者为企业不断流失的能人而痛心不已，其实，那些能够留住能人的企业，其领导者所使用的手腕也并没有多么玄妙，最重要的是他们把握了能人的心灵动态，给了他们一个美好的梦想和愿景。

38岁的井植薰结束了在松下公司的打工生涯，开始了在三洋公司的创业。三洋电器股份有限公司成立以后，井植岁男出任董事长，井植薰也成为公司的第二号人物。1947年，他们创办了只有十几名员工的三洋电器厂，从生产自行车灯开始做起。“大哥，我们现在是新企业，资金技术都比不上原有的一些厂家，要想留住公司里的优秀员工，单靠薪水只怕是不够的，我们没有别的公司有钱。”井植薰在三洋正式成立后，提出了自己的担忧。

“是啊，不能安下他们的心可不行，没有一批安于工作的骨干，公司就不会有出路。我们要防各外部抢人才，可又没有足够的钱来筑一道牢固的防御体系。”井植岁男也有这种未雨绸缪的担忧，以前只是没说出来。

“我们没有钱来完成这个工程，但可以给他们前景和希望，让他们来完成。”

“给他们前景和希望？让他们来完成，你是说……”

“对，目前对我们来说，这是最好的办法。我们会成功的。”井植薰自信地说。

“那你就立即着手去办吧！”

井植薰召集公司高级领导人员和技术人员开碰头会。他在会上做了精彩的演说：

“三洋公司刚成立不久得到诸位的支持和大力协助，我们是怀着同一个目标走到一起的，我们的理想就是把三洋变成名副其实的三洋，这是我们义不容辞的责任……现在我们这是小洋，甚至连小洋都不是，你们可以到别的公司获得更高的报酬，但你们没有去，那就是因为他们没有这种使命感，只图眼前利益。一些公司技术单一、资金雄厚，但不能团结这些有使命感的人开拓事业。我们不能因为他们强大就眼红，三洋条件虽然差一点，但这正是我们大展才华、施展抱负的有利场所，在平静的湖面上驾舟怎能表现弄潮儿的技艺，如今做鸡首就是为了将来要做更好的凤凰头。只要我们团结一心，向着同一个目标，就无往而不胜……”

井植薰成功了，在艰难的创业年代，三洋人就像连在一根绳子上，荣辱与共，安心地工作着。企业领导人如果让手下的那些能人们对企业拥有了美好的梦想和愿景后，就能够调动他们主观努力的情绪，共同为了企业的前途携手前进，并肩努力。

作为企业的领袖想要更好地激励自己的员工，那么就要给企业希望，给员工希望。领袖总是善于把自己的理想和抱负植入员工的心里，他们总是善于描绘出美好的愿景，播撒希望的种子。

愿景是企业战略与文化的结晶，是崇高的企业之魂。如果把企业视为一个生命体，就好像人与希望，人生若没有了希望，生命就失去了方向。当企业家把个人愿景放大，成为企业全员共享的愿景，企业就有了灵魂。正是这一灵魂在无形中迸发出鼓舞人心的感召力量，激励着企业人的无限梦想。因此，有志于建立共同愿景的组织，必须重视和鼓励成员发展自己的个人愿景。当企业的共同愿景成为团体成员真心追求的个人愿景，组织就充满了激情和凝聚力，有了战略的保障，愿景就会牵引着企业乘风破浪，最终抵达成功的彼岸。

正如弗朗西斯博士所言，你可以买到一个人的时间，你可以雇一个人到固定的工作岗位，你可以买到按时或按日计算的技术操作，但你买不到热情，你买不到创造性，你买不到全身心的投入，你不得不设法争取这些。

然而，企业愿景会帮你争取到这些。可见，企业制订一个能够吸引和调动员工积极性、创造性，切合企业战略需要的共同愿景，对企业的良性发展十分重要。负面愿景或者过于急功近利，往往会阻碍企业的健康发展；过于乐观的鸿鹄大志，如果缺乏战略系统的有力支持，也只能流于纸上谈兵。

作为崇高的经营信念，愿景值得更多的中国企业重视和培育。其实，越是企业不景气的时候，越是企业理性思考长久未来的最佳时期。面对危机，只有让员工从今天的战略中看到明天的希望，愿景才会绽放出它应有的光芒。

愿景不仅是企业发展的核心原动力，更是企业最终希望实现的战略图景。正如一艘夜航于茫茫大海之船，愿景就是那座远方的灯塔，始终导引和昭示着前进的方向。

诞生于1971年的星巴克是小资们最喜欢去的地方，在小资的圈子里流行着这样一句话，那就是“我不在办公室，就在星巴克；我不在星巴克，就在去星巴克的路上”。这句话充分证明了星巴克的价值和

意义。同时，这也体现了星巴克的愿景：成为排在家和工作场所之后的“第三场所”。星巴克的使命宣言是，将星巴克建成全球极品咖啡的翘楚。1992 年，星巴克在纳斯达克成功上市，就开始以几近每天一家分店的速度向全球扩展，销售额每年平均递增20%。目前，星巴克已经在全球近40 个国家拥有了13000 多家分店，遍布了北美洲、拉丁美洲、欧洲、中东以及环太平洋地区。星巴克，被誉为21 世纪的美国企业神话。星巴克贩卖的不仅仅是咖啡，而是人们对咖啡的体验，它创造了品牌营销的奇迹，真正诠释了品牌的内涵，并成为了企业界的楷模。

不可否认的是，领袖之所以和一般的领导者有区别，更多的是领袖拥有过人的抱负和崇高的理想。企业的愿景不仅描绘了企业员工向往的未来，更能调动人的潜能，激发员工为实现企业目标而努力。正如一艘夜航于茫茫大海之船，愿景就是那座远方的灯塔，始终导引和昭示着前进的方向。领袖的智慧，善于勾勒出企业愿景，更在于培育出员工的希望与野心。

二、领袖要善于把企业的口号转化为实际行动

领袖的服务力最重要的体现在把企业的理想转变为现实。我们都知道，只会勾画蓝图不懂得实践的领导不是好领导，同样，只会喊口号而不会把口号转变为实践行动的企业领导者不是一个好的领导者。

不可否认的是，口号在一定程度上起到了激发企业员工斗志的作用。在企业管理过程中，很多企业领导者很喜欢喊出自己的口号，在很多企业的大门前都赫然地写着类似于这样的口号，例如“服务客户，质量第一”“忠于企业”“艰苦奋斗”等。那么，作为一名企业领导者，你是否也给你的下属员工们写了口号，这些口号可能非常振奋人心，也可能是要求下属

的工作效率的，也可能是激励下属的。但无论是哪一种，你的口号不是关键，关键的是下属们是否响应你的口号，也就是说他们是否把上级的口号变为了实际行动。

每个口号的存在都要有它的实际意义，不能看到人家喊着响亮的口号，也随波逐流制订几个口号摆出来，而是要根据所做的工作或者是员工们欠缺的精神制定口号，让他们在看到这个口号的时候有一些警醒或提示作用，能让他们知道自己是做什么的，应该怎样做才能做好。这也不意味着不能制定口号，当然也可以适时地制定一些口号。但是这个前提是企业管理中的口号一定要具有一定的力量和实际意义。

因为在企业的精神文化建设中，口号的作用极大，它使人们产生一致的目标，诞生一致的梦想，产生一致的激情。口号如果不能使企业上下精神一致、振作，将无法产生任何价值，当它没有力量和实际意义时，企业中员工的思想是涣散的。

在现实的企业管理中，我们可以见到许多企业在企业文化建设中，罗列出了几十种不同的口号，这只是对文字的堆砌，有用吗？这样的口号和标语除了让企业多浪费点笔墨钱、印刷费，多让几个人瞎忙乎一下，几乎没有太大的意义。

原因是这些口号没有力量！它们绝不可随意出现在那里，绝不是凭着我们脑子里的想象随便规定出来的。当它不能真正代表企业员工的心声，当它无法激励起企业中一致性的昂扬斗志，是无力的，是根本不起作用的，是根本不可能号召人们的。口号要具有一定的实际意义才能够号召员工团结起来，树立共同的愿景，增加团队的凝聚力和向心力。

国内一名著名的企业内训专家曾经这样说道："口号本身是一种情绪化的东西，它必须随着不同的时期进行分解，演变成每一个时期的行动指令，这是宣传的口号、鼓动的口号、行动的口号，而行动的口号实质上就变成了给人们心中所下达的指令。"

其实不仅于企业内部，在企业外部，口号也往往能够在市场上产生巨大推动力。“城市是我家，环保靠大家”“讲文明、树新风”，这都不是凭空想象出来的，而是千思百虑、深入研究，最终所确定的“精神实质”，它们所表达的是思想上、行动上的统一方向。

在企业或部门中，企业领导者制定的口号必须尽可能地简洁、简单、简化，以及用口语来表达。它是为了完成一定目标的任务鼓舞，一个时期只能确定一个或几个简单的口号，绝对不能多，要让口号变成实际行动的原动力，要让人们坚定而忠实地执行这些口号。在口号宣布以前，要配合任务实施宣传动员，让人们坚定不移地围绕目标实施冲刺，坚决而彻底地去执行这些口号。

毛泽东在《实践论》中说：“如果有了正确的理论，只是把它空谈一阵，束之高阁，并不实行，那么，这种理论再好也是没有意义的。”企业文化建设的理论也是如此。其生命与活力在于实践。离开了实践，讲得再好的企业文化理论，写得再好的企业文化手册，也是没有意义的。

要想使企业口号真正发挥出“统帅”“灵魂”和“生命线”的作用，就要使企业口号形成“口号文化”，在企业中落地生根。企业领导者应该在企业的管理中，重要的不是善于喊出你的想法与口号，而是怎么把你的想法与口号变成现实的东西。这就需要企业的领袖从以下方面入手。

1. 领袖要让口号扎根于文化

作为企业领导者，我们要做好充分的思想准备，打持久战，克服各方面有可能预见的阻力，让好的企业文化口号在企业中扎根成长。作为企业文化的“外化”，我们讲企业口号，就是在企业文化领域中剔除旧的文化，发扬新的文化；消除坏的文化，保存好的文化；克服落后的文化，发展先进的文化；排除错误的文化，坚持正确的文化。进而使企业口号上的显文化转化为人们内心深处的潜文化，完成从信任到信仰的完美转变。同时，作为企业的领路人，在行使自己的服务力时，要致力于消除阻碍企业文化产生并成长的不良因素。由于企业在理论与实际之间存在着这么几种不良因素，往往阻碍着企业口号的落实。

2. 杜绝制度和管理存在严重脱节现象

有的企业在建设企业口号的过程中，写出了一套不错的企业管理手册，但是没有在企业的各种规章制度上体现出来，这就使其内容没办法贯彻执行。这种理论与制度的脱节，造成企业文化建设中应该摒弃的没有摒弃，应该确立的没有确立。甚至使应该剔除的东西即使不合情理，也可以光明正大地大行其道；使应该确立的东西即使很合时宜，也要因为没有明文规定而执行运作起来变得举步维艰，更有甚者备受排挤和打击，根本就执行不下去的地步。

3. 注意企业潜文化与显文化差距

一般而言，在正常健康的企业中，企业的潜文化与显文化应该是合二为一的。但如果在企业领导言行不一的不健康的企业中，其占主导地位的文化往往是潜文化而不是显文化。

通常来讲，领导者在公开场合所讲的、写的企业文化是显文化，而领导者实行的或企业行为中所贯彻的文化是潜文化。识别一个企业文化建设不是看其显文化，而是看其潜文化。一个企业的企业文化口号落实与否，取决于其潜文化与显文化之间差距的大小。两者之间差距越小，口号落实越好；两者之间差距越大，口号落实越差。成功的企业文化建设是把企业口号中的显文化，转化为领导者和广大员工内心深处的、不令而行的潜文化。

企业领导者的言行不一。有些企业领导者，在讲企业口号的重要性和必要性时，娓娓道来，头头是道，可在抓落实时常常又是另一副嘴脸和论道。

一般情况下，常常表现为两种情形：一是曾经口口声声宣扬的价值观和理念，自己却不执行；二是在会上、文件中讲企业文化建设的必要性如何、重要性怎样，可缺少抓落实的具体措施，甚至没有考虑过落实的措施，没有预算、组织和考核。企业领导者对待企业口号的这种言行不一，使企业口号建设只是走走过场、做做样子，流于形式。

4. 杜绝企业文化制度的包办

企业文化既是管理者倡导的文化，也是企业广大员工认同信任的文化。把这两方面有机结合，其落实起来才可能减少阻力。可现实中，有些企业太过于强调企业文化是企业家的文化，由企业少数几位领导者呕心沥血、日积月累地总结出来，然后再召开动员会议，安排布置员工去单纯地执行就完事了。这种包办的企业口号，由于缺乏企业员工广泛深入地参与，使得员工对其形成和确立缺乏思想上的认同与情感上的认可，其执行力就会大打折扣，甚至根本就执行不下去。

所以，作为企业的领袖级人物，要认清和辨别这些不良因素，并尽量规避这些问题，以免在把上级口号转变为实际行动时出现阻力。只有这样，才能更好地把口号变为实际行动。另外，把握好口号的内涵，坚持执行口号的精神，把口号的执行具体化也是把口号变为实际行动至关重要的一点。企业口号也可以说是企业的目标，目标是需要行动的支持才会实现的，只是在嘴里说上几遍的口号是永远都不会实现的，还要具体去执行才可以。

作为企业领袖，我们可以在不违背企业理念的情况下，根据部门的工作任务、发展目标等设立属于自己部门的口号，这是一种强化员工记忆的手段，可以给员工营造一个很好的氛围，起到鼓舞整个团队士气的作用。口号还可以对员工起到约束的作用，给员工一种勇于挑战的氛围，在这种氛围下，他们愿意愉快地投入到工作之中。企业领导者更要以身作则，把口号中的精神和要求落到实处。试想如果你对口号熟视无睹，完全不把它当一回事，又怎么要求你的下属员工切实地去执行这些口号呢？

因此，身为一名目光远大的企业领袖只要做到以上几点，该坚持的坚持了，该规避的规避了，在适当的时机制订适宜的口号，那么，这样的企业口号才能真正扎根成长，才能转化为部门或企业的良好声誉，最终实现企业的最佳目标。

三、时刻为明天的奋斗做好准备

中国有句俗语说得好：生命不息，奋斗不止。用在如今的企业经营方面，也可以说是：企业不倒，竞争不止。面对着激烈的市场竞争。作为企业的领袖一定要居安思危，时时刻刻都要准备战斗，让企业一直处于市场的备战状态。

在竞争激烈的市场当中，很多企业的领导者苦思冥想的是怎样彻底甩开竞争者，能够一劳永逸地解决自己企业的竞争优势问题。连续不断地在过度拥挤的市场里面残酷斗争的现实使得企业家们疲于奔命，应接不暇，他们始终保持战斗姿态，随时准备着为了产品的市场份额、保持企业竞争力而与竞争对手杀个天昏地暗，甚至抱着不是你死就是我亡的战斗精神去拼搏，正所谓商场如战场。

正是这样！在竞争激烈的商场上，稍有不慎就会被竞争对手打得头破血流，无从还手，企业家需要时刻保持高昂的斗志和敏捷的斗争手段和方法，生命不息而奋斗不止。波士顿咨询集团的乔治·斯托克也说：“情况就是这样的，要么我吃掉你的午餐，要么你吃掉我的午餐。”

竞争永远不会结束，有的只是短暂的甜蜜和休整！因为你发现的蓝海在不远的某个时间也会变成红海，竞争者一旦发现了你的蓝海而又具备进入的实力，你的蓝海就会变色，你寻找到的蓝海并不能帮助你一劳永逸地保持战略优势，甚至不能持续很长的时间。旭日升茶饮料投入了全部的精力培养了茶饮料市场，当时的情况应该是找到了自己的蓝海，但是后来的情况发展如何？前人栽树后人乘凉，旭日升的没落在于自身的沾沾自喜和没有战斗意识，因为旭日升不知道：竞争永远不会结束，即使你进入蓝海。发现蓝海不是每个企业都能够做到的，而更重要的是在你还没有发现更蓝的深海的时候，保护好你目前的蓝海。而且发现蓝海和进入蓝海是两个问题，在力量不够强大到维护你的蓝海的时候强行进入也是徒劳无功，虽然你也会有短暂的快乐和满足，但是你没有能力保护你发现的蓝海就没有享受它的机会！这就好比狮子杀死水牛后遇到一群鬣狗，如果狮子的数量不足以赶跑鬣狗群的时候就只有放弃，灰溜溜走开，到头来落得个替他人做嫁衣的结局。竞争永远存在，即使你能够杀死水牛！

蓝海战略为企业勾画的美好未来是让我们暂时避开竞争，积蓄力量，准备迎接下一次的战斗。密歇根大学的战略教授普拉哈拉德说：“不管你有什么优势，都会有人把他夺走。”蓝海战略的主要思想是要求企业不断创造自己的竞争优势，时刻保持自己独一无二的战略竞争态势。只凭借守住自己固有的竞争优势地位，不思进取的战略理念最终会被别人打败，企业家需要的是永不停歇的创造力和开拓进取的战斗精神，为了始终保持领先，为了进入你的下一个蓝海，需要不断地创新，因为竞争永远不会结束。

诺基亚曾是欧洲20世纪末最成功的企业，曾是欧洲人与硅谷进行技术竞争，并因此创立企业巨头的典范；在2000年的时候，诺基亚也还是美国投资者“皇冠上的珍珠”，它的股价一直相当坚挺，似乎始终在上升；几年之前，也还没有人能设想如此一头巨大的庞然大物会面临到危机深渊。虽然在美国市场上遭遇到了极大挫折，但在新兴市场上看起来似乎仍然坚不可摧。

由于长期在市场的高占有率，使得诺基亚在很长时间内都对市场的变化不以为然，固执地相信着自己的固有优势。当iPhone推出时，它一直对其的发展势头置若罔闻。当时诺基亚的智能手机旗舰N95仍大受市场欢迎，而第一代iPhone不但无法单手使用，甚至没有彩信。

这使得诺基亚认为搞定对手并不是一件难事。

让诺基亚更加骄傲的是其产品的质量。直到现在，用户对于诺基亚的产品质量，无一不赞赏有加。从模拟手机到数字手机时代，诺基亚正是靠品质、技术成为业界大佬。提升屏幕分辨率，选择卡尔蔡司摄像头，都是诺基亚开创的先河。但遗憾的是，消费者显然更加注重握在手里的时尚，因此消费者对 iPhone 的倾心足以令诺基亚快要发疯。

不过，自从苹果推出 iPhone 以来，诺基亚在全球市场占据率就直线下降。iPhone 刚上市时，诺基亚在全球智能手机份额曾达 50%，而现在诺基亚公司几乎濒临倒闭。

残酷的现实表明，诺基亚时代似乎已一去不返。诺基亚的败退给市场上了生动的一课。诺基亚曾在很短的时间里就爬到了事业的巅峰，但之后就开始不思进取，只相信自己庞大的规模。没有对于未来市场的竞争做准备。这种致命的懒惰导致被市场逐渐遗忘乃至淘汰。

面对着激烈的市场竞争，作为一名企业的领袖人物一定要保持谨慎，时刻准备竞争，为未来的战斗任务磨枪擦剑，这样才能在竞争中胜出。

四、不要满足于现状，让危机感时刻伴随左右

对一个人而言，安于现状，缺乏危机意识，就是对自己的生命不负责任。特别是对于一个企业的领袖来讲，对于未来充满危机感是一件非常重要的事情。可以说企业领袖身上的危机感是企业发展的动力。领袖的危机感往往会感染公司的每一个员工，进而把这种危机植入企业的文化中，形成企业个性化的思维方式。

当世界球王贝利踢进了第 1000 个球之后，记者围上来问：“你取得了如此大的成就，现在你还有什么愿望呢？”贝利不假思索地脱口而出：“踢

进第1001个球!”这就是永不满足的追求。在现代商业竞争中，每一个商业领袖都应该有强烈的成功欲望与事业心。取得了“1000”的成绩，则一定要想达到“1001”。

不安于现状是领袖的独特个性，总会感染企业的每一个员工。而一家不安于现状的企业，总能抓住使企业壮大和发展的机遇。世界知名的流行歌手麦当娜曾经说过：“老不是最可怕的，未老已成旧才是最悲哀的事。”在这个弱肉强食的商战中，能生存下来的往往是那些不安于现状，富有危机感的企业。

华为2000财年销售额达220亿元，利润以29亿元位居全国电子百强首位的时候，华为的领袖任正非却大谈危机和失败，确实发人深省。

任正非讲道：“公司所有员工是否考虑过，如果有一天，公司销售额下滑、利润下滑甚至会破产，我们怎么办？我们公司的太平时间过得太长了，在和平时期升的官也太多了，这也许就是我们的灾难。泰坦尼克号也是在一片欢呼声中出的海最后沉没，而且我相信，这一天一定会到来。面对这样的未来，我们怎样来处理，我们是不是思考过。我们好多员工盲目自豪，盲目乐观，如果想过的人太少，也许就快来临了，居安思危，不是危言耸听。”

华为凭借强烈的危机意识，不断发现自己的不足，不断地改进和提高，使公司获得快速的发展，华为预计2020年全球收入将增长三倍，达到1000亿美元。华为开始让朗讯和西门子感到害怕，让美国开始惊呼：狼来了！

企业领袖在领导企业前进的时候，面对着激烈的竞争市场，都要充满危机感。作为商业领袖一定要谨记：今天的成功并不意味着明天的成功，企业最好的时候往往是没落的开始。

在市场中，许多企业虽有过辉煌的历史，但由于管理者忽视危机的存在，没能让危机意识在企业内部长久存留，使企业最终如温水煮青蛙那样“死于安乐”。

电脑界的蓝色巨人IBM当年的“惨败”就是一个生动的实例。当大型电脑为IBM带来丰厚利润，使IBM品尝到辉煌的甜头后，整个IBM都沉浸在绝对安逸氛围里，危机感尽失。在市场环境慢慢发生变化，更多的人青睐于小型电脑时，IBM却对市场出现的新情况不予理睬，麻木不仁，没有意识到市场危机的降临。或者说，在企业不断成长的过程中，IBM没有注意到企业危机管理的重要性，依然沉醉于大型主机电脑铸就的辉煌中，按部就班，继续加大大型主机电脑的市场比重，最终自己打倒了自己。

“一个商人不想到破产，好比一个将军永远不预备吃败仗，只算得上半个商人。”巴尔扎克这句耐人寻味的名言，对企业危机意识不乏启发意义。

对于一个企业领袖来讲，如果感到企业没有危机感，那么就是最大的危机。值得一提的是，对于任何企业，不论企业是否强大，危机都是客观存在的，无处不在，无时不有的。任何危机都不是突然出现的，它总是潜伏并成长在没有危机的意识之中。一个企业的领袖在代领企业成长的时候，需要时刻保持危机意识，在没有危机出现时制订相应的危机处理机制，并将危机意识不断灌输给企业的全体员工。

五、让下属明确自己企业的未来是领袖的责任所在

领袖总是善于勾勒自己的未来蓝图，特别是对于一个企业的未来，他们总是不遗余力地表现出来。这样让下属们知道他们每天的目标是什么？为了什么而奋斗？一个领袖只有让自己的团队明确企业的未来蓝图，才能

更好地实现领袖的目标。

那么，企业领袖在打造自己的理想的同时，应该怎么把自己的野心蓝图让下属们知道，并把之变成奋斗的动力呢？而这一切就需要领袖从下面的几个方面着手，及时让下属们明白领袖的志向。

1. 企业领导者要充分发挥感官的作用

在为你的部门或是公司规划蓝图时，不要仅注意你看到的，你应该动用所有的感官。比如，当你展望未来时，你部门的情况听起来如何？它是喧嚣嘈杂。还是人们像蚂蚁一样安安静静地忙着工作？尽量动用你的生理感觉，让你和你的团队越全面地看到、听到、感觉到你的理想以及企业的愿景，你们就越能准确地把握自己的行为，实现规划图。

2. 懂得用具体的语言描绘规划图

领袖在描绘未来的蓝图的时候，应该是鼓舞人心、有发展潜力、前景远大的。关键是当领导者给自己的企业员工描述未来的时候，一定要具体、实际、明晰，不能采用泛泛之词，不能盲目地“赶美超英”战胜对手等。

作为企业领头羊，你应该让下属觉得你所勾勒的蓝图是能实现的，只要大家努力一下。你应该使用具体的语言，比如说：“我们的工作空间会十分开阔，没有障碍；我们将会比感恩节刚过的打折特卖场还忙碌；我们可以对需求作出迅速的应急反应，无论对内部需求还是市场需求，我们都能很快地满足股东的要求。”

（1）领袖要根据员工期望来规划

你的规划图还要考虑到员工的意见以及想法。假使领袖如果只是一味地向他们灌输你的规划图，而不给这些人机会发表意见或进行讨论，他们很可能不愿接受甚至反对你的规划。但是如果他们感到你的规划图也反映了自己对部门的一些想法，并将亲自实现它的话，他们会积极地把它作为自己的工作目标并加以实现。

在当今的公司里，如果规划图只是被刻在石头上长年摆在那里，不但不会激励人才不断为之奋斗，反而会阻碍部门的发展。正如一个人需要根据环境变化调整自己的目标一样，你对部门或公司的规划也要随机应变。

你的人才更可能会洞察到环境中的一些变化，结合他们的想法，你将会规划出适合整个团队的规划图。如果你的人才协助你规划出了规划图，他们将会有更强的归属感和主动性，并加倍努力地实现它。

（2）领袖要根据企业高层要求来规划

企业领袖的规划图设想往往源自很多方面。其中一部分来自高层向你谈及的想法、要求或者目标。这可能是你的直接管理者——假如你有的话，也可能是你接触的一个重要人物，比如说你的客户、同行，或是某公司的高层人员。你规划的部门规划图不仅要与整个公司的规划图一致，还要有利于公司大规划图的实现。

显然，你的部门规划图主要由你来规划。作为管理者，你应该清楚你的部门将发展成什么样。同时，你还要认真考虑高层的要求，结合部门实际情况，如资源、预算和目标等因素进行规划。这些应该成为你每天想到的第一件事，并且作为管理者，你所有的工作重心都要集中于如何改进这个规划图，并努力实现它。

3. 让团队的意愿与自己保持一致

许多企业的领导者都会遇到这样的问题：有的人并不按规划好的规划图来做。领导者的本能反应就是将其踢出局。这的确是一个选择，但是在这么做之前你应该先考虑一下其他的方法。

如果你在规划规划图之前曾开会征求大家的意见，就表示你非常重视人才的个性和创造性，那么反对团队成员的个性化和有创造性的表现就有悖于规划图规划的初衷。

在现实中，一些企业领导者很容易沉浸在他们对自己部门的规划图之中，认为那些不同意这个规划图的人就是不忠或是愚蠢的，是在捣乱。这实际上是一种狭隘的，也是极其有害的观点。

事实上，那些喜欢独立思考并提出不同意见的人可能只是为了这个集体更好地发展，而这样往往会极大地改进规划图的规划。所以，当有人对规划图表示反对时，应该让他说出自己的看法。这样，你就可以很快判断出他是真的想提出改进意见还是在捣乱。

特质二

服务于企业决策——领袖是集体智慧的核心人

决策是领袖的基本职能和必然责任，领袖要从服务的意识层面去理解、看待和实施决策的过程，把决策作为一项服务内容和服务手段去做，而不是作为显示权威的时机。把自己的智慧作为集体智慧的结晶，在服务思想的指引下，激发出集体智慧在决策中的巨大能量和效益。

领袖要具备睿智、敏捷而且锐利的感知力

一、看长远，异于众人才是领袖

富有眼见，眼光高远，是人们经常赋予领袖的词语。确实，胸怀大志，目光高远是一个企业领袖所必须具备的特性。看天，看地，看久远，与众不同的想法和感官是领袖的行事风格。

正是领袖的这些特性，使得他们能看到未来，领悟大量的机会。具有这种意识的焦点，领导者能看出有吸引力的、可信的未来情况。那么，在平时的工作环境中，领袖应该培养这种预知未来，并服务于未来的意识。

1. 领袖要善于选择薄弱环节为突破口

短暂人生，有限的领袖生涯，不允许你在地层最厚、水位最低的某一点上打持久战、消耗战。作为一流的企业领导人，必须选择水位最高、地质条件最好的某一点，作为打井的“突破口”。在这方面，各类领导人才，都积累了不少成功的经验。军事领导人才，往往先打分散、弱小之敌；政治领导，往往先采取代价最小、影响最大、遇到阻力最弱的政治行动；企业领导，眼观六路，耳闻八方，最大限度地为企业争取到最大的利益点。

2. 及时识别各类人才和周围的环境

由于企业领袖是管理和组织人才的人，这一特殊的领导地位和职业特性，决定企业领袖必须有识别人才的真知灼见。只有识人不迷，才可能用人不疑。将各类人才安排在适当的位置上，这样不仅对于各类人才的成长十分重要，而且对于领导者自身获得事业上的成功也是至关的重要。正确识别自己周围的人才环境，是领导行为顺利展开的重要外在因素。企业领袖要正确识别，善于处置。对于人才环境的正确识别主要应考虑以下因

素：从整体上看，自己所处的人才环境是否有助于获得事业上的成功；下属智能素质是否足以能完成自己交办的一切任务；自己在领导班子里是否处于最佳位置。

3. 领袖要认清大形势，顺应时代潮流

认识的最重要一条，就是要看清大势所趋，人心所向，顺应历史发展，适应时代潮流的需要。

常言道，“机不可失，失不再来”“时势造英雄”“三分人才，七分机遇。”能够顺应历史潮流，具有战略目光，善抓机遇，这是一流的领导人获得成功的关键因素。领导人只有捕捉到机遇，被时代潮流推上各个最能施展才华的位置上，才能成就一番事业。相反，如果缺乏远见卓识，尽管你具有突出的才学水平，也会误入歧途，最后落个一无是处的下场。

日本松下电器公司有一条成功的领导艺术：“领导者要有认清时代潮流的眼光和预知环境变迁的能力，才能想出因势利导的方法，才有先声夺人的气势。”对于领袖而言，有没有先见之明是影响极大的因素。时代不断地变迁，在企业的经营管理层面，许多昨天可能认为是正确的事，也许已经不适合今天的潮流了。一个企业领袖要是没有展望未来的眼光，就没有资格当别人的指挥者。领袖必须认清潮流的方向，预知环境的变迁，并想好应采取的对策。因为他对未来的判断正确与否，牵涉太多人的幸与不幸。为了企业正常持续地运转，为了在现代市场的风吹浪打中立于不败之地，“看清方向，顺应潮流，具有远见卓识”，这是领导者必备的条件。

过去的历史一再证明，一国的繁荣，必定有先知先觉的领袖。再看看今天优秀的企业，也都是因为经营者有先见之明才得以缔造。所以在当今这种社会主义市场经济条件下，竞争局势动荡，市场千变万化，作为一个团队的领袖更应该具有培养先见之明的胆识。然而有限的远见会排斥可能性。

1895 年，皇家学会的会长凯尔文勋爵说：“重于空气的飞行器是不可能的。”1899 年，美国商标专利局的局长宣称：“凡能被发明的东西都已被发明了。”1927 年，沃纳·布罗斯图片制作公司的主任哈里·沃纳对有声电影的到来做出了反应，他厉声说：“究竟会有谁想听演员说话?”有限的远见可以预测公司的严重问题。当 IBM 公司选定在个人电脑上安装英特尔公司的集成电路和使用微型软件公司的操作软件时，并没有看得很远。IBM 公司这步棋使这两家公司成为产业巨头，并使每个人对电脑业务发生兴趣和改制 IBM 机器。如果 IBM 公司的经理们具有较广的视角、较远的眼光，就可以看出，他们本该从这些公司购买技术。知觉障碍还会使数字显示设备失去作用。1975 年，数字显示动力的智能型设备创造者肯·奥尔森说：“没有人想在家里需要一台电脑。”所以，他决定忽视含苞待放的个人电脑市场而偏爱主机，结果使数字显示器公司经济损失惨重。

没有远见可能正好说明了为何在 20 世纪 90 年代初期出现许多组织机构解雇总经理的事情：汤姆·巴雷特被好运年公司挤出；詹姆斯·克特尔森被坦内科公司开除；罗德·卡尼恩被康柏克公司解职。在各个例子中，董事会都意识到，需要一种新的眼光来看公司的未来。当伊斯门·柯达公司的总经理凯伊·惠特莫尔于 1993 年 8 月被挤出公司之时，公司宣布要外聘一名局外人取代他。这个宣布传递了一条明明白白的信息：需要一个全新的视角。只有新的意识焦点才能看出应付正在不断变化着的环境的方法。

总之，作为一个企业的领头人，必须要有与众不同、超前的经营管理艺术，只有这样才能更好地带领自己的队伍，成为团队的领路人。

二、领袖的决策力决定企业的未来

在管理学上有一个这样的故事：

布里丹的驴子肚子饿得咕咕叫，于是它到处寻找吃的东西。布里丹的驴子真幸运，很快发现左边和右边都有一堆草可吃。于是它到了左边那堆草边，可审视一番后觉得没有右边那堆草多，所以饿着肚子跑到右边去。结果到了右边以后又发现没有左边那堆草的颜色青。想想，还是回到左边去吧。就这样，一会儿考虑数量，一会儿考虑质量，一会儿分析颜色，一会儿分析新鲜度，犹犹豫豫，来来回回。这只可怜的驴子，最后被饿死了。

故事给了我们一个很重要的启示：在瞬息万变的市场经济浪潮中，一个企业要想避免陷入布里丹的驴子式旋涡里，就必须有具有决断力的领袖把航，让企业直驶胜利的彼岸。

在企业的经营管理中，好的领头人都拥有往往超人的决策力，而不成熟的领导者往往输在企业的决策上。可见，对于一个企业来讲，领袖的决策力决定一切。

领袖的决策力是企业的决策者快速判断、快速决策、快速反应、快速行动及快速修正的综合能力。它是企业领导力的主要组成部分，它具有攻击性、实战性、灵活性、复合性、快速性、关键性六大特点。对于企业而言，仅知道什么是企业领导的决断力是不够的，重要的是还要知道如何提高企业领导的决断力。

1. 决断前要做好5个问答

（1）何事——了解决断的目标。

（2）为何——了解决断的方向、决断的目的、决断的价值。

（3）何人——明确应该由谁来决断，由谁负责，由谁执行，由谁监督。

（4）何时——强化决断的时效性，因为决断的质量与决断的时机密切相关。

（5）何处——进一步界定决断的环境、决断的地点。

2. 决断时要考虑5个因素

（1）风险——决断实施之后的各种不利因素，或各种副作用，要制订相应的对策。

（2）对手——你在决断时，竞争对手也在决断。所以知己知彼，考虑对手的决断善于双赢，才能确保企业立于不败之地。

（3）关系——由于每一个决断都不是孤立的，它牵扯到方方面面的利益关系和人际关系，因此只有理顺关系，决断才能成为现实。

（4）报酬——这是激励实干者提高决断力的一个极为重要的途径。

（5）结果——为什么要做这个决断？这个决断实施后能够带来什么结果？是否值得做这个决断？企业的决策者在决断时要强调务实和效益，不能只考虑动机愿望，只制定目标计划。

考虑了这5个因素，企业领导者的决断就有了系统性、预见性，就有了可操作性和现实性。

3. 决断时要排出标准的顺序

决断重在选择，而选择是有标准的。现代企业的任何决断都不可能是在单一标准下的选择，因此领导在做决断时要考虑经济的标准、社会的标准、环境的标准等多个标准。标准多了就有一个排序的问题。按照重要性排出哪个是第一标准，哪个是第二标准，哪个是一般标准。在决断时能兼顾则兼顾多个标准，但多个标准有冲突时就要首先考虑第一标准，其次是第二标准，最后是一般的标准。本文开头讲的布里丹驴子的故事，驴子之所以最后会饿死，其问题就出在标准没有排序上面，决断的难点不是多方案选择，而是多标准选择。排序是决断的基本功，领导者须下工夫掌握排序的技能。

4. 决断时要借助“外脑”

现在是知识经济时代，显然只依靠决断者的头脑已不够用，大势所趋需要借助“外脑”。所谓“外脑”，可以是企业的管理人员，也可以是企业的普通员工；可以是本企业本系统的专业技术人员，也可以是企业外部的专家学者；可以是顾客，也可以是供应商。总之，只要他对决断的问题熟悉，有自己独到见解的就可以成为“外脑”。

一般说来，充当“外脑”的人数越多越好。多了就有代表性，有利于从多个方面多个层面开拓“内脑”的思路，提高决断的质量。借助“外脑”的智力可以有效提高企业领导者的决断力。

5. 决断时要扩大选择的空间

这需要领导者具有创新的观念和开阔思维。而且决断的质量与选择的空间是正相关的。选择的空间越大，决断的质量就越高。反之，选择的空间越小，决断的质量则越低。

领袖决策力也是领袖服务力的一个重要体现，领袖的决策力服务于企业未来的战略构建。不可否认的是，超强的决策力是领袖的特性之一。

三、洞察时代形势的变化，把握企业方向

企业领袖是企业发展的领路人,也因此，这对于领袖本身的要求非常的苛刻了。这就需要领袖洞察时代形势的变化，把握企业方向。面对当今瞬息万变的企业环境，解读及预测时代发展趋势，不仅是企业领袖的责任，也是许多企业领袖需要共同承担的研究课题。

在当今这样复杂的环境下，要想成为顺利地推动公司组织发展的领路人，已经越来越不容易了，至少必须具备以下条件：

（1）能对未来加以预测，并不断顺应时势，修正不合时宜的规划；

（2）能找出全球性时代潮流与大众动向，并加以分析；

（3）能全面考虑工作，进行决断，并让周围的人充分了解你的见解；

（4）能综观整个行业，找出自己的定位，并反映在实际的工作中；

（5）能拟订 3 ~ 5 年后的中长期进度表。

现代企业更新换代的速度和频率之高，已经无法承受任何因为错误决

断所带来的严重后果。一旦判断有误，领导不仅无法将目标与自己的行动结合起来；在实现目标的方法上，也会因为忽略了重要的指导纲领，而无法全神贯注地将精力投入到执行计划的过程中。而出现这所有现象的根源就是因为领导者无法掌握现况，对整体与自己的联系认识不清。

面对这样的状况，领导者的当务之急就是要将颓势扭转过来。可惜现实中，许多领导却因为不知如何应对这种状态而患得患失，在决策时迟疑不前。常见的情况包括：一遇到需要作出正确无误的决定时，就会增加开会次数，以期能集思广益；因为过去不用心进行自我充实，所以很难迈向更高的层次；因信息不足、缺乏自信，以致浪费时间，错失良机，无法作出明确判断，或是作出错误的决策；因没有养成深思熟虑的习惯，以致无法发掘事情的真相。

无论从上司还是下属的立场来看，这样的领导都是无法让人信赖的。因此一旦企业需要进行调整，他们就会最先遭到淘汰。应该高度警惕。某著名企业曾在数年前执行了一项震撼管理界的决策。内容是在200位厂级的领导中，命令其中的50位“自己离开公司，在家等待机会”。这50位领导者就是因为不能洞察时代形势，跟不上企业发展的脚步，才被命令离开公司的。

一般来说，观察时代的形势变化时，企业领袖应该注意以下几个重点：

（1）要能敏锐注意到会引发重大事态的形势变化，并积极从各种渠道收集有关资料；

（2）形势变化不一定是以非常直观的形式来表现，很多时候都可能体现在有效细微的征兆上，这就需要领导者有极其细致的观察能力；

（3）面对变化时，不能一味担心抱怨，而应针对该项变化提出应对方案或修改应对方案，拟订更有效的决策；

（4）收集来的资料必须先由当事人确认无误，并客观地加以验证才能使用，以免因个人偏见或误解而庸人自扰。

在激烈的市场竞争中，形势的转变是稍纵即逝的，如果企业领袖不能尽早掌握状况，而等到事发后才谋求对应之策，就往往会措手不及，造成无法弥补的损失。这样的企业既无法与其他公司竞争，内部也必定问题丛生，长此下去，必然会被淘汰出局。因此，洞察时代形势的变化，把握企业方向是领袖服务力的重要表现，放眼于企业的未来，服务于企业大局。

四、高瞻远瞩是领袖的特性之一

市场是检验企业成功与否的大舞台，企业的经营离不开市场。从某种意义上说，市场的潜力和走势决定着企业的命运。企业要实现超速发展，企业领袖就必须能够把握市场的动向，洞悉潜在的商机，超前预测市场的未来，从而进行统御性决策。可以说企业的命运和市场的未来是息息相关的。

企业的领袖在制定决策时，都想实现快速成长：尽快赶上或领先对手，但过于急躁、一味地追求成长速度，就不可避免地会产生一些急功近利的思想，这样的思想和行为就可能使领导者步入决策误区，对企业的发展产生不利的影响。孔子认为领导者不要急功近利，否则就无法达到目的；不要贪图小利，否则就做不成大事。因此作为决策层的领导者，最重要的是要有远见，不被眼前利益得失影响。

商界有句箴言：庸者赚现在，智者赚未来。企业如果眼睛只盯着今天，只以现在的得失为原则做决策，只注重短期利益，就永远不可能成就百年基业。那些盲目跟风的企业永远都无法获得真正的胜利，因为这种短期利益会使人们踏入万人争走独木桥，同类产品饱和、过剩的困境，继而走向失败。

领袖一时的偷懒和短视，就有可能给企业造成巨大的损失。“大海航行靠舵手”，一个企业的运转，在很大程度上要依靠领袖的远见卓识。作为企业的“船长”“舵手”，手里有至高无上的权力。这些权力，能够决定企业的投资项目、发展方向，能够决定企业各项战略实施的情况，能够决定人力资源及其他资源的整合……总之，作为一个团队、一个组织的头目、一个企业的当家人，领导者占有举足轻重的地位，发挥着决定性的作用。他的权力如何行使，他的决策倾向于何方，他的势力所及的范畴，无疑都是这个企业发展还是后退的重要决定因素。

在管理学上有一个这样的故事：

一头猪到马厩里去看望他的好朋友老马，并准备在那里过夜。天黑了，该睡觉了，猪钻进了一个草堆，躺得舒舒服服的，但是过了很久，也不见马躺下睡觉。猪觉得很奇怪，就问马为什么不睡觉，马回答说自己已经睡着了。

猪很奇怪，就问：“站着怎么能睡着呢？再说那样也不舒服啊？”马回答说：“舒服、寻找安逸，是你们的习惯。而我们，作为马，从生下来，就习惯于奔跑。即使是在睡觉时，我们也随时准备着奔驰。所以，我们有健康的体魄和矫健的身手，我们能驰骋于战场，而你们只能越长越胖，最后被人宰割，成为人类的口中之物。”老马的话对于一个朋友来说，似乎有些刻薄，但是它却准确无误地道出了一个真理：只有时刻准备前进，才能走在最前面，抢占到最有利的位子。

对于一个企业领袖来讲，选择安逸还是准备奔驰，是至关重要的。一个满足于现状的企业，只能够停留在最初的阶段。一个安于现状的领袖，不为企业的未来发展考虑，不为市场的动态吸引，而只满足于现有成绩，那么这个企业的命运也就不外乎两个：勉强维持现状或是迅速被后来者所淘汰。

一个企业能否争得市场竞争中的主动权，在很大程度上依赖于企业领袖是否有穿越现在、透视未来的“眼力”。这个眼力简单来讲，就是要求领导者要能高瞻远瞩，看问题看得远。有好眼力的领袖不但要能做好本职工作，还要了解行业趋势，了解竞争对手，能准确地预测出未来并能带领企业做好应对困难和风险的准备。

世界上最著名的克莱斯勒汽车公司，是仅次于福特和通用汽车公司的大型企业。该公司生产的汽车，在技术上、质量上一向享有很高的声誉。然而，在一年中这家著名的公司却出现了意外亏损，亏损了 7 亿美元。为什么会这样呢？经过分析，人们发现，原来亏损的原因就在于该公司的领导人在经营决策上缺乏远见卓识。

1973 年，第一次石油危机的爆发，严重地冲击了依赖石油的汽车制造业。通用和福特两家公司的领导者都及时改变经营方针，开始设计和制造耗油量少的小型汽车，不过，克莱斯勒汽车公司缺乏这一预见，仍然生产耗油量大的大型汽车。如此，当 1978 年石油危机再度爆发时，克莱斯勒公司的汽车无人问津。企业濒临破产的边缘。领导人是否具备高瞻远瞩的眼力和远见卓识的头脑，对于整个企业的发展壮大，具有决定性的意义。

常言道：“逆水行舟，不进则退。”企业在市场竞争中，有如船航行在海上，并非站住脚就赢了，因为风浪随时都会使脚力不稳者倒下、溺水。因此，站在风口浪尖上的人，随时都应该保持清醒的头脑和高度的警觉。只有掌握在风浪中站稳脚跟的绝活，并且有和大风大浪抗衡的魄力和本领，才能把握竞争中的有利条件，才能带领企业稳健地前进。

总之，面对激烈的市场竞争，领袖必须要有高瞻远瞩的领导力，这也是企业长青的一个重要的条件。高瞻远瞩的领导力更是一个企业领袖服务力的重要表现，服务于企业发展方向，牵引于企业的未来。

五、提高领袖预测未来的能力，服务于企业的未来

商界成功人士大多有这样的共识：一个成功的企业领袖，每天至多只

用20%的时间处理日常事物，而另外80%的时间则用来思考企业的未来。不可否认的是，企业要生存，要具有市场竞争力，应付瞬息万变的市场竞争，领导者必须能够进行科学的预测，并在此基础上作出正确的判断和假设，采取有利的战略行动计划，否则企业就会在竞争中贻误商机，难逃失败的命运。作为企业的领路人，需要提高预测未来的能力，这样才能更好地服务于企业未来发展的大局。

三国时期的诸葛亮不仅是个聪明的谋士，更是一个善于预测未来的军师。当孙权用周瑜之计，假称要将胞妹孙尚香许配刘备，诓骗其过江招亲时，诸葛亮就看出了周瑜的用心不善。招亲是假，扣刘备为人质，借此索还荆州才是真正的目的。所以诸葛亮将计就计，派赵云陪刘备过江随行，授以锦囊，作为应急之策。

刘备过江后，按诸葛亮的锦囊妙计，先拜谒东吴元老乔玄，得其相助。乔玄进宫禀知吴国太后孙权的阴谋。太后向孙权问出真情，怒加斥责，并做主招刘备为婿。

这让孙权的阴谋没能得逞。周瑜不甘失败，用声色享乐使刘备迷恋忘返。赵云又按锦囊之计，假报曹操兴兵攻打荆州。刘备急惧思归，孙尚香辞母同行。周瑜不听鲁肃的劝阻，派兵追赶，被孙尚香斥退。后又赶至江边，遭遇张飞的伏兵，不得已而愤愧收兵。三条妙计，让刘备不但从东吴安全撤退，而且还续得佳偶。而孙权、周瑜只落得“赔了夫人又折兵”的下场。

一个优秀的企业领导者，应该有从复杂的事物中总结规律并能对事物的发展作出预测的能力。科学的预测可以给企业带来巨大的财富，相反，盲目的预测则会给企业带来巨大的损失。要作出科学的预测，领导者必须要像诸葛亮一样明察秋毫，去伪存真，不去抢风头赶时髦，要想人之未想，谋人之未谋，从潜在的市场中寻找出别人还没有开发出的“处女地”。

做到这一点，领导者就需要具备通观全局、着眼未来的战略眼光。那么，怎样提高自己预测未来的能力，从而作出正确的决策呢？要及时给自己充电。随着知识经济的到来，技术发展日新月异，高科技产品换代迅速，对企业的经营和管理产生了深远的影响。为适应这一变化，作为企业的领导者，只有不断学习，不断提高自己，才能深入了解本行业的前沿情况和发展趋势，才能保持战略性的远见卓识和高质量的决策水平。领导者只有熟知本企业、本行业的特点、知识，才能更好地把握企业的脉搏。

此外，领导者还应该鼓励下属间长短互补，形成强大的合力，从而使整个组织的学习能力得以提升，理性地把握远与近的关系。俗话说："人无远虑必有近忧。"作为最高决策层的领导者，要把视野放宽、放远，同时又不能不切实际地好高骛远，把远与近有机地结合起来。

在解决近期矛盾的过程中，企业领袖一定要力戒"头痛医头，脚痛医脚"，一定要有长远打算，要为可持续发展创造条件。此外，领导者还要经常反思，检查是否有急功近利的思想存在。在决策的过程中，要尽量为企业未来的发展造势蓄势。

在驾驭企业未来的时候，领袖一定要看清企业发展的长处与短处。值得一提的是，对于每一个企业来说，都有自己的优势和劣势。如何用好优势，扭转劣势，是领袖常常思考的问题。长与短、弱与强、优与劣，不是一成不变的，要把握好转化的机遇，从而形成天时地利人和的良好局面。清醒地把握得与失的关系。

首先，对于一个领袖来讲，不能患得患失。正如古人所说，鱼与熊掌不可兼得。在决策的过程中，常常会遇到类似的情况。到底要鱼还是熊掌，必须从企业的长远发展考虑。此外，多听听不同的声音，也能帮助领导者在关键时刻为企业作出明智的选择。

其次，领袖要为企业确立科学的得失观。领袖在决策过程中，要以事业和工作为标准，坚持原则，不随声附和，不以个人或小团体利益为标杆，更不能为了蝇头小利而丧失良机。

总之，领袖不但要比常人看得远，还要比常人看得准。只有提高领袖预测未来的能力，才能在危机四伏的商海竞争中，纵横捭阖，决胜于未来。

领袖，必是高瞻远瞩，远见卓识，独具慧眼者，能“观未见”，看别人看不到的，故能“知未明”，了悟别人所不能理解的。

创新精神是领袖鲜活的灵魂

一、创新精神是领袖精神最精髓的部分

内管理外经营是领袖的责任。我们都知道，在企业管理中，要做好一名领袖并不是件简单的事情。要做的事情很多、很杂，还要具备过人的胆识和作为。为什么会这么说呢?

从大体上讲，作为企业领袖概括起来也就有五项基本的工作。这五项基本工作组合成为一个不可分割的有机体。

1. 正确领会并科学分解目标

企业领袖要在充分理解这些目标的基础上科学地分解给下属，告诉他们在每个分目标的范围内应当做些什么，并且在执行中应怎样做。

2. 组织完成交办的任务

对各种必需的活动、决定和关系进行分析，然后分门归类，并挑选合适的人来做适合的事。

3. 及时与员工沟通

企业领袖要能提供推动工作进行的动力并使上下沟通，把各种岗位的人组成一个协作体。

4. 定期进行绩效考核

企业领袖要确保每个部门中每一个员工都有用来衡量自己工作的尺度，这种尺度是根据整个企业的绩效形成的，也是根据个人的工作形成的。

5. 有效激励员工

通过领袖的管理工作方式，应该使员工得到进步，以提高整个组织或团队的素质。除了上述基本的工作外，作为企业领袖还必须有两项特殊的工作：一个是创造并领导一个富有创造力的团体；另一个是协调当前的和长期的供求。在现代企业中，企业领袖不仅要做好前五项工作，而且后两项工作也显得越来越重要，建立富有创造力的团队是企业领袖的首要任务。对于企业领袖服务力来讲，创新的精神是领袖精神服务力最精髓的部分。

建立一个富有创造力的团队，也必然需要作为领导的企业领袖们自身要主动创新。所以，之前我们说，企业领袖不但需要做好五项基本工作，更要具备过人的胆识和作为。其实，就是要求企业的企业领袖们要勇于主动创新。

比亚迪股份有限公司的总裁王传福在获得“2008CCTV 中国经济年度人物年度创新奖”时，这样说：“比亚迪所取得的这一切都离不开技术和创新，比亚迪有个理念，叫技术为王、创新为本。比亚迪始终在做一道证明题，证明什么呢？证明技术是可以改变世界的。我们比亚迪想用电池技术加汽车技术，打造出电动车技术，用电动车的技术把地球变得更绿，来实现人类绿色的梦想。”

探究比亚迪创造奇迹的原因，不能不说其领导者切实地做到了主动创新。王传福正是凭借着“技术为王、创新为本”的经营理念，比亚迪不仅在传统燃油汽车领域取得了卓越成绩，同时也在新能源产业中成为领先者。

2003 年 1 月，比亚迪耗资 2.96 亿元收购秦川汽车制造厂 77% 的股权，由此跨入汽车行业，以实现电池主业与电动汽车的平台互动。不过当时这项投资并不被看好，因为靠组装奥拓车生存的秦川汽车厂经营惨淡，其车型“福莱尔”2000 年只销售了 1.7 万余辆，收入 7 亿元，利润只有百万元。

更重要的是，当时很多人认为汽车行业门槛高、投入多、风险大，比亚迪又是“门外汉”，因此并不看好比亚迪在汽车领域的发展。消息宣布后，一些股东甚至抛售比亚迪的股票，比亚迪的股价连跌 3 天。此后的两年，比亚迪汽车果然一直亏损，销售的车型仍然是改款的“福莱尔”。2005 年，比亚迪亏损近亿元。

为了扭转这一局面，比亚迪的项目企业领袖们可谓是功不可没。2005 年 4 月，上海比亚迪汽车研发中心成立，下设多个项目攻关组，分别从事比亚迪系列轿车车身、汽车电子、安全装置及电动汽车等方面的研究和探索。在各个项目负责人的带领下，比亚迪短短半年内就成功申报 100 多项国家专利，比亚迪成立了上海汽车工业园，建立了构架齐全的汽车研发体系和检测中心，以及自己的碰撞线和各种环境实验室。接着，在完成了生产、研发、销售布局后，比亚迪开始集中精力到销售部门。于是，又在销售部门的努力运作下，推出第一款新车——F3，这款车肩负着比亚迪开拓市场和塑造品牌的双重重任。2005 年 9 月在济南成功上市，取得了非常好的销售成绩。比亚迪汽车的发展由此迈入了良性循环的轨道。发展至今，比亚迪已建成西安、北京、深圳、上海四大汽车产业基地，产业格局日渐完善。

比亚迪汽车的成功经验，值得我们借鉴。优秀的企业领袖是能够带领员工进行主动创新的领导，不仅要为自己，更要为企业赢得长足发展。对于许多中层管理者来说，创新并不单单要落实在技术研发上，能够在营销上有所创新，也是很好的创新。

曾几何时，伊利集团老总郑俊怀和蒙牛集团老总牛根生这一对一起打拼的亲密战友，却因某种个性而反目，郑俊怀对牛根生来了一个“杯酒释兵权”。牛根生被“扫地出门”之后却独立门户，在短短的几年时间硬是打造了一个敢和伊利老大哥叫板的蒙牛。现在的风头似乎更是胜过伊利，整个过程上演的是“绝地反击”。蒙牛集团之所以能在短短时间里打破伊利集团的垄断而取得成功，秘诀就在于牛根生和他的团队勇于主动地进行营销上的创新。

1999 年 4 月 1 日，呼和浩特的大街小巷在一夜之间布满了蒙牛的广告，一时间，蒙牛在“老家”打响了其营销上创新的第一枪。接着，这十年间，蒙牛又把营销的重心放在社会热点上，以此来吸引大众的眼球和消费。

先是在 2001 年 7 月 10 日，离揭晓 2008 年奥运会主办城市还差三天。蒙牛宣布，一旦北京申办成功，蒙牛捐款 1000 万元，是国内第一个向奥组委而不是奥申委捐款的企业。

紧跟着又于 2003 年 10 月 16 日，“神舟 5 号”顺利返回之际，牛根生一声令下，候车亭、超市、电台、报纸、广播一起行动。几个小时之后，“航天员专用牛奶”的广告便铺天盖地地出现在北京、上海等大城市的路牌和建筑上。甚至当晚上打开电视时，都可以在包括中央电视台在内的数十家电视台的黄金时间看到蒙牛“发射—补给—对接篇”的广告……凭借极富创意的营销广告战术，蒙牛的品牌确实在老百姓的心目中牢牢地树立了起来。正是蒙牛牛根生的勇敢创新，打了伊利一个措手不及，从别人不可能想到的地方入手，才使蒙牛异军突起，成就乳饮料行业的霸主地位。如果不是这些手段，就不可能有今天的蒙牛集团。

不管是技术上的创新，还是营销上的创新，抑或管理制度上的创新，这些都是企业领袖们建立富有创造力的团队，并带领其为企业发展服务的必经之路。所以，企业领袖要实事求是地根据企业需要来进行主动创新，既不能逃避责任，也不能盲目创新。总之一句话，要勇于主动创新，更要善于主动创新。在创新中找到发展的契机，从而为个人和组织都带来更大的发展。

二、解决企业内部问题，服务于企业决策

领袖服务力不仅表现在发现问题、提出问题，更在于解决问题。不可否认的是，不管是在经营还是在管理上，领袖往往都会面对一些实质性的问题。而如何做到既能解决问题，又不损害企业和别人的关系和利益，就成为了关键所在。作为一名精明的企业领袖，就会以更多更好的方法去解决问题，因为他们知道只有这样才能取得最佳的理想效果。

解决问题时，方案的选择余地要大。如果只有一个方案，那么我们就别无选择，无论它是好是坏我们都无能为力，只能按照唯一的方案办事。如果有两个方案，我们也只是进退维谷。虽然有的选，但活动的空间也不大，也无法确保可以完美出色地完成工作任务。所以，企业领袖在解决问题的时候，一定要养成一个习惯：每次至少要拿出三种解决方案！试想如果有三个方案，会有选择的余地，也将有较宽松、自由的空间去发挥自己的能力，以最有效的方式去解决问题。

这就要求我们提出解决方案时，一是要有量的突破；二是在量的基础上，选出最合适的方法。也只有如此，才能拿出最好的办法来解决问题。

管理培训大师余世维就是一个凡事都能用最好的、最合适的方法解决问题的人。几年前，当时的他还在日航公司工作，就发生了这么一件事：那时，余世维在日航公司当经理。公司有个职员姓甘，是台湾文藻外语学院毕业的，英文很好。

有一天，余世维发现她正在读一本英文著作，就瞄了一眼，原来

甘小姐正在看莎士比亚的原著作品。余世维并没有上来就指责她，而是随意地说："哎哟，甘小姐读莎士比亚啊。"她望着余世维笑一笑，余世维说："甘小姐，像莎士比亚这种优美文学，你觉得什么地方用得上？甘小姐，在日航做货运，什么时候我们的文件、电报用到莎士比亚的优美诗篇？你跟老外讲英语，什么时候用过莎士比亚的名句？国际贸易和外汇金融方面的文件资料，什么地方是用莎士比亚的词句去写的？所以我提醒你，这种优美的英语在外贸英语里面大概是用不上的。甘小姐，我给你个建议，以后莎士比亚还是回家读。"她笑笑，自那以后，余世维就再也没有在公司看到她读莎士比亚了。

虽然余大师的话很犀利，但是他的出发点是明确的，是为了甘小姐好。不是指责，但效果却胜过指责，这就是领导者的成功之处。余世维既为甘小姐留了面子，又提醒了她的错误，使她时刻谨记自己的本职工作。这不是最好的结果吗？为什么要因为一点儿小事就搞得上下级都不痛快。这么做同样也达到了相同的效果和目的，我们何乐而不为呢？问题就一个，但解决的方法却有一堆，就像我们常说的那样，问题是有的，但是方法是无穷的。

当我们遇到问题的时候，只要从不同的角度、不同的方向考虑，就总能找到更多的方法。在这样的基础上，就会有更好的方法来解决我们的问题。

国内著名饮料集团娃哈哈公司在拿下几个重点城市的订单后，又作出大力开发郑州市场的决定。

于是，公司先委派一名长期在一线打拼的经理亲自坐镇指挥。在这个古老的商家必争之地，这位经理虽然调查了好长时间，但要想拿下这个市场仍无从下手。

无奈之下，这位经理把宗庆后请到郑州。宗庆后在郑州连续转悠了两天，无意中了解到近来郑州交通事故比较频繁，而且死伤近一半都是孩子，所以，宗庆后就直奔交通和教育有关部门，提出要给全市五六万小学生每人免费发一顶起安全警示作用的小黄帽。几天后，郑州街头随处可见一顶顶鲜艳的小黄帽在流动。

如此一来，区区万把块钱就使“娃哈哈”走进了孩子们的心里，也走过了郑州的千家万户，并最终在中原的消费市场得以顺利地开拓。

与娃哈哈公司有异曲同工之妙的是日本西铁城钟表公司，其著名的“抛手表事件”就是中层们从众多的方法中选出的宣传方案。

西铁城钟表公司是日本四大著名钟表商之一，当初要开拓澳大利亚市场，一直苦于没有最佳的宣传方案。为此，分公司的领导者和下属总是开会讨论如何开拓这个市场。有的人提议应该做广告，它的宣传面广，企业领袖没有通过这个方案。领导者认为，现在的广告过多过滥，它的效用也不敢保证。

又有人接着建议：“针对广告过多过滥不真实的问题，不妨要公众眼见为实。可以尝试在公众面前做破坏性试验，通过这种公开的试验，让大家了解西铁城的良好性能，大家就能接受这个品牌了。”这个想法得到了更广泛的认可，接着他们又想到，不妨采取奖励性的措施，最好的奖品莫过于西铁城的产品本身。这些都是极好的方案。接着，方案越来越多，也越来越周全。最后，企业领导人想出了一个全新的方案。

不久，西铁城通过新闻媒体发出了一条令人震惊的消息，某时将有一架飞机在某地抛下一批西铁城手表，谁拾获，表就归谁。这条消息在社会上引起了很大的轰动，街头巷尾都在谈论这则消息。

到了那天，人们都怀着好奇心，纷纷拥向指定地点。这些地点是精心选择的，因为该地面凹凸不平，有的地方是坚硬如铁的隆起石块，有的地方则是陷下去的浅水湾。

指定的时间到了，只见一架直升机飞临人群的上空，盘旋片刻后，在百米高空向人群旁的空地上洒下一片“表雨”。期待已久的人们一拥而上。抛下的表是如此之多，以至于大家都有所收获。而捡获手表的人们在惊喜之余还发现，西铁城手表从空中掉下来，居然还在走动，不但没有被摔坏或浸坏，反而完好无损，分秒不差，甚至连外壳都未受损。人们不禁感叹：西铁城手表真是精良耐用、名不虚传。

后来，电视台又播放了这次抛表的实况录像，西铁城很快就深入人心。“西铁城表防震防水质量好”的消息也不胫而走，那些没有在现场的人也对西铁城手表充满了兴趣。就这样，那里的市场一下子就打开了。

一个聪明的企业领导者，一定懂得紧紧扣住问题的核心，从其核心出发才有可能完美地解决问题，甚至还会取得事半功倍的效果。多维度思考问题，或许会产生更多解决问题的办法。

爱因斯坦说：“人是靠大脑来解决一切问题的，只要每个人都能够主动去创新，相信一定能够找到更多更好解决问题的方法。”其实，在企业的经营和管理中，企业领导者要运用创新思维想问题，那么问题解决的可能性就大了许多，开启问题之门的钥匙也就更多了。

特质三

服务于企业文化构建——领袖是企业文化的创造与传播者

企业文化是一个企业中各个部门，至少是企业高层管理者们所共同拥有的企业价值观念和经营实践。也可以说，企业文化是价值观、英雄人物、企业环境等。在一个企业中，领袖往往是企业的文化符号或者是企业文化的构建者。服务于企业文化建设是一个领袖的精神使命和意志力所在。

构建企业文化，树立发展精神

一、打造领袖价值观，构筑共同发展文化

在激烈的市场竞争中，决定企业兴衰成败的，不是资本的竞争力，而是文化的竞争力。很多企业领袖为了让自己的企业在竞争中取得有利的地位，不惜打造优秀企业文化，让企业文化服务于企业发展。

在企业发展中，优秀的企业文化是指导和约束企业行为以及员工行为的价值理念，是企业管理的灵魂，是企业发展到一定时期，在企业管理水平不断提高基础上的必然产物，是企业向更高层次发展的内在要求，是推动企业发展的内驱动力。它不是游离于企业体制之外的，其本身就是企业体制的重要组成部分，更是企业领袖经营理念的直接反映。可以说，企业文化是一个企业的灵魂，它已经成为企业核心竞争力的有力保障。

优秀的企业文化应该得到全体员工的认同。而每个员工都应是企业文化的创造者、完善者和体现者，而不是被动的承受者。若企业文化仅仅停留在口头或者纸上，仅仅依靠严格的规章制度来强制员工遵守，是不能称其为企业文化的。

文化与制度的区别在于制度往往是员工的对立之物，而文化则超越了制度的对立，成为员工的自觉之物。制度是一种强制力，而文化是一种更为强大的自然整合力。

文化的根本标志在于它的自动整合功能，它强大得无须再强调或者强制，它不知不觉地影响着每个人的思想和精神，从而最终成为一种自觉的群体意识。只有达到这种程度，一个企业的价值理念体系才可能被称之为企业文化。

教官向一班学员讲授领导与管理的不同时，他给学员出了一道题目：“现在由你来领导本班，让大家全部自动走出室外，切记！要大家心甘情愿！”

第一位学员不知道怎么办才好，回到座位。

第二位学员对全班的学员说：“教官要我命令你们都出去，听到没有？”全班没有一个人走出室外。

第三位是这么做的：“大家都听好了，现在教室要打扫，请各位离开！”但仍然还有一部分人留在教室内，值日生在待命扫地。

第四位看了纸片上的题目一眼后，微笑着对大家说：“好了，各位，午餐时间到了，现在下课！”不出数秒，全教室的人都走光了。

让别人为自己做事，而且是心甘情愿，该怎么说、如何说，都是一门艺术。用权威来压人或者讲大道理来说服，都不会收到好的效果。只有将自己的目的和对方的意愿或者切身利益结合起来，才能得到双赢的结果。

一个企业如果没有和员工建立起共同的远景目标，而且缺乏共同的信念，谈何利益相关？但凡优秀的企业，都是通过确立共同的远景目标，整合各类资源，牵引整个组织不断发展和壮大，引导成员通过组织目标的实现，实现个体目标。

对于一个企业而言，要想让员工全心全意地热爱、信仰、遵从企业文化，最好的办法不是强制其全盘被动地接受，而是让他们参与进来。只有员工自己参与了，只有员工的切身利益、自身目标和企业的利益、远景目标达成一致了，员工才会从心底到行动都接受、认同企业文化。既然洗脑是权宜之计，是短线，那什么才是建立好的企业文化的正确途径呢？其实，建立有凝聚力的企业文化的真经就十个字：合作、平等、尊重、信任、分享。

那么，企业领袖怎样做才能让员工认同企业文化，并愿意全心全意为企业奉献自己呢？

这就需要企业领袖努力在企业和员工之间建立起一种长期的相互信任

和相互依赖的关系。以长期雇用为出发点，以外部劳动力市场为依托，强调对员工个人能力的培养与开发，重视客观公正的绩效考核，注意保持报酬水平和报酬差别的公平合理性，强化企业与员工之间的互利合作意识以及一般员工的参与意识，才能得到员工的信任并最终留住员工。

同时，作为企业的领导者，在各项具体的人力资源管理政策与实践上，注意积极推动企业的文化建设。具体来讲主要从以下几个方面入手。

1. 制订各种计划，满足员工的自我实现需要

不仅保证员工有机会在工作中充分发挥自己的技艺和能力，而且为员工个人提供长期发展的机会，注意从长期职业生涯的角度来帮助他们设计、实践个人的职业目标。为此，企业应致力于广泛运用工作轮换、在职以及脱产培训、内部晋升、组织团队、绩效评价以及职业生涯设计等各种手段来帮助员工进行自我提高和自我发展。

2. 为员工提供就业保障和相对公平合理的报酬体系

首先，企业应尽量避免因外部原因随意解雇员工，从而为员工提供一种长期的工作机会。其次，企业为员工提供包括高于市场一般水平的工资奖金和额外福利在内的一整套报酬体系，并且使员工有机会分享企业的利润。这两个方面的内容都是要促使员工将自己看成是企业共同体中的一员。

3. 努力贯彻以价值观为基础的雇佣政策

企业在招募和挑选新员工时应当注意执行以价值观（即符合企业文化要求的价值观）为标准的雇佣政策。利用精心组织的面谈等手段判断和确定求职者的价值观（如追求卓越、合作精神等）与企业的主导价值观是否一致。

4. 领袖要打造“人高于一切”的价值观

领袖要打造“人高于一切”的价值观，并坚持将这一观念贯穿企业的所有人力资源管理活动之中。企业及其管理人员必须承认，员工是企业最为重要的资产，他们不仅值得信任、需要被尊重和公平对待、能够参与决策，而且每个人都有自我成长和发挥全部潜力的内在动力。

5. 为员工创造一种团结合作和共同奋斗的价值观

这包括：建立企业与员工进行双向沟通的正式渠道和员工参与管理的办法，确保员工受到公平对待，并切实保障雇员享有参与管理的机会。

二、用企业文化增强企业凝聚力

对成功的企业来说，其团队文化的形成则必定需要一个“提炼”的过程，并在经过“提炼”之后形成其企业文化的核心——企业价值观。而这一切就需要企业的领袖来构建，并发扬企业核心文化。

对于个人来说，价值观代表他对周围事物的是非善恶程度的评价。而人们对各种事物的评价，如对自由、幸福、诚实、教育等各个方面的看法，有轻重主次之分。其心目中的排列顺序就构成人们通常所说的“价值体系”。

企业是由其成员所组成的，企业的价值观应以其成员的个人价值观为基础，但企业价值观不等于个人价值观的总和，将领袖的价值观直接当做私营公司的价值观更不正确。个人价值观与企业的价值观是一种相互排斥又相互容纳，最终趋于一致的关系。

企业领袖再努力也无法做到让每个成员完全认同团队的共同远景，但仍可以将共同远景看做公司所共有的目标。同样，我们也可以这样来理解企业所共有的价值观。因此，所谓私营公司的价值观，应是私营公司成员所共有的价值观，其中老板的价值观占支配地位。

当然，这不是说企业领导者的价值观就绝对是好的，不需要再加以改变，实际上，很难说哪种价值观是最好的。对私营公司来说，也并不需要塑造最好的价值观，而是需要提炼体现团队总体价值取向，能促进私营公司成长的价值观。

许多企业领导者在塑造企业价值观时往往生搬硬套，盲目学习西方的模式，忽略了本国的价值基础。企业价值观应根据自身所处环境来塑造，如果照搬外国的管理模式，完全可能产生“不适应症”，从而导致内部思想混乱与行为“变形”。也许有人会说，既然没有现成的模式可以学习，那塑造企业价值观不是太困难了吗？其实不然，只要把握了团队成员的主流价值观，并在此基础上加以引导，企业的价值观仍不难确立。这要求老板常常要眼睛向下，了解员工的心理动态。在价值观确立以后，企业的文化就会渐渐成型，这样一来，你的公司就有了自身的特点和优势，可以在工作中发挥应有的作用了。

如同一个国家一样，每一个企业都有独特的企业文化。一旦形成一种健康的企业文化，就会在公司中形成一股强大的精神动力，所有的员工都会受到这种企业文化的激励。由于未来的员工队伍将呈现出更为多样化的特点，要尊重并充分利用人际差异，就需要营造一种文化来统一人们的价值取向，并将其作为凝聚人心的力量源泉。对待具体任务各人可以采取不同的方式，这种独一无二的风格、观点和共同的价值标准将有助于强化每个员工的责任心，确保员工为了“更大成就”而不断努力。

企业文化对一个企业的成功是具有极其重要的作用的。一种健康的企业文化能向全体员工提供使其受到鼓舞、激励的共同价值观，会对所有的员工产生吸引力。此时，人们会在内心深处产生一种精神力量，自觉地把这种共同价值观作为自己生活中不可缺少的组成部分来追求，为它的实现而竭尽全力，并从内心感到自豪，从而在企业内部形成一股合力，促进企业不断向前发展。

为什么很多电脑专业毕业生都希望到 IBM 工作呢？除了优厚的薪酬外，还因为那里有先进的管理经验、技术、思想观念和深厚的文化底蕴。深入其中，自然受益匪浅。员工总有成长的需要，良好的企业文化是培育人的文化、促使员工升值的文化。私营公司的企业文化也是给予员工的一种待遇。这种无形的文化待遇能够提供给员工自我实现的成就感以及社会人士对他们的尊重，是促使人才增值的资本。

三、领袖要善于用正确的企业价值观鼓舞人才

企业领袖在构筑企业文化的过程中，要注意确立正确的价值观，这样才会在工作中对能人起到激励和鼓舞作用。价值观是指主体关于客体对象的总观点，它是一定社会群体从文化沉淀和现实中形成的具有普遍规范意义的价值评价标准体系。价值观对一定群体和身处其中的个人的思想和行为具有深层次的决定作用。

所谓企业价值观，乃是一个企业的所有员工特别是能人在长期生产经营实践中形成的对本企业的生产经营行为、社会责任感和公众形象的总的看法和信念。成功的企业往往有为全体能人所认同、信奉并自觉履行的价值责任。

一家企业若没有正确而先进的价值观，就等于没有一个集体的灵魂，企业领袖在管理工作中也就没有办法激励和鼓舞企业里的能人和广大员工为了企业的前途而打拼。

企业领导者对培养和塑造企业的价值观起着十分重要的作用。正如美国管理学家托马斯·J. 彼得斯和罗伯特·H. 沃特曼在《追求卓越》一书中写的那样：出色公司的价值观“是由最高层的经理们以分分秒秒、年复一年的行动表现出来的，而且它们是全公司上上下下所透彻了解并深入全体人员心中的东西。”可见，形成企业的价值观非一朝一夕之功，必须不断努力方见成效。领袖在确立企业的价值观时，一定要注意以下几点。

1. 不断创新

面对知识经济的来临、市场竞争的加剧、顾客需求的变化，企业要有足够的勇气和魄力接受挑战，把企业变成学习型组织，不断地根据外部条件的变化实现观念创新、制度创新、产品创新等。只有这样才能与时俱进，保持优势。企业创新同样具有一定风险，企业价值观要鼓励在创新过程中敢于承担风险的精神。创新既鼓励员工的个性化发展，也鼓励团队的

合作，应该把这两种积极因素有效地统一起来。

2. 人性化管理

随着经济的发展和社会的文明进步，现代企业管理广泛注入了人性化的因素。如关注能人的需要和发展、注重沟通、让能人参与管理、创造条件促进能人的自我实现等。人本管理对能人的积极性具有最深刻和持久的影响，如能人参与对于提高工作业绩、满足顾客需求、改善管理层与能人的关系、建立相互合作和信任的气氛等，都具有重要意义。

3. 服务于社会

企业是重要的经济组织和社会组织，担负着一定的经济功能和社会功能。企业不能仅以自身利益最大化为目标，还应该考虑所应承担的社会责任和义务。

4. 顾客至上

企业要在市场竞争中生存和发展，必须首先赢得顾客，企业的价值就在于为顾客提供特定的产品和服务。企业为社会服务的一条最重要的途径就是在社会分工体系中占有一席之地，满足人民一定的物质和文化生活的需要。为此，许多企业按顾客服务要求再造流程、改进产品，并按照顾客、员工、经营者、所有者（股东）的排序安排企业的利益关系。

如果按照上面几点确立的价值观，常常比较符合社会的群体价值标准，所以，在管理中也就能够对能人的工作起到激励和鼓舞作用。

用领袖的思想打造企业文化

一、塑造良好的企业文化是领袖的责任

为什么有的企业能历经数十年、数百年而屹立不倒，有的却只是昙花

一现便被湮灭在市场经济的浪潮中，它们的企业大厦会倾倒，都是缺乏企业文化导致的。任何一个成功的企业、行业、体制，认真分析研究它们的成功之道，有一个共同点，就是注重企业文化的塑造。所以，企业要想在激烈的市场竞争中立于不败之地，塑造企业文化不容忽视。如何塑造良好的企业文化，企业领袖可以从以下两方面着手考虑。

1. 内部途径

通过企业内部的各种活动，完善企业自身机制，在企业中形成有利于文化“生长点”的土壤。

（1）提高员工的素质

在任何企业，员工都是主体，企业的经营行为是员工活动的反映，企业文化建设是由员工行为体现出来的。可以说，员工素质的高低，决定着企业的经营成果，因此我们说，提高员工素质是搞好企业文化建设的根基。提高员工素质可以从提高员工道德素质、文化素质和技术素质方面入手。

提高道德素质，是企业树立良好形象的关键，是企业绵延不衰、自强不息的精神动力。可以通过积极开展各种健康向上的文化活动，让员工从中受到激励，进一步增强员工积极向上、追求真善美的意识，帮助他们进一步辨别是非，抵制假恶丑，塑造美好的心灵。通过道德素质的培养让员工懂得应提倡什么，反对什么，什么不应该做，什么应该做，从而树立正确的思想道德观念。

提高文化素质，是推动企业发展的根本保证。良好的企业文化需要全体员工的认同，需要全体员工的文化素质与企业文化建设要求保持一致。创建学习型组织、打造学习型企业是提高全员文化素质的有效途径。企业应该通过制订未来发展战略规划，把学习纳入工作，真正构建一种人人潜心学习、共同追求进步的良好氛围，使学习成为企业文化建设的一个重要组成部分。

提高技术素质，是推动企业发展的动力。现代经济的市场竞争，离不开科技创新。科技创新离不开员工智慧的充分发挥。先进的技术和设备都需要员工来掌握运用，因此，要提高员工的技术素质。

（2）培育团队意识

团队意识也就是集体意识、集体观念。比如日本企业的团队意识就比较强，在他们的观念中，对自己所属集团的忠诚是一个人最应该具备的品德。这种道德观念是他们“集团意识”存在的重要文化根源之一。

塑造良好的企业文化，团队意识是很重要的一个方面。因为，企业文化就其本身而言，是一种命运共同体文化，它具有整合性、共生性和献身意识3个方面的特点。团队意识，对于企业来说是至关重要的，没有团队意识，就谈不上群体成员之间的协同合作，更谈不上作为他们各个能力总和的“集体力”。

（3）树立企业精神

企业文化的核心是企业精神，企业精神是企业文化的集中反映。企业精神是企业全体员工现代意识与企业个性相结合而形成的一种群体意识。它既是企业现状的客观反映，也是全体员工共同拥有、普遍掌握的理念，是稳定性与动态性的统一，又具有独创性、创新性、时代性，还要求企业务实、求实、求精。

企业只有把企业精神灌输给每个员工，并使之成为支配其言行的自觉意识，使员工遵守诚信、遵守诺言、不欺不诈，增强对自己行为负责的责任感、道德感，才能为企业带来巨大的经济效益，形成企业强大的生存、发展动力。

树立企业精神的方法和途径很多，但万变不离其宗，目的都在于让企业精神植根于员工心中。比如，管理者可以利用事件树立企业精神。

多米诺比萨饼公司的企业信条是“30分钟内将货送到任何地方”。为了实现这一诺言。该公司不惜包租飞机将货物按时送到。但是，有一次，还是因供应不及时而使一家商店停止了营业。事后，公司买来1000多个黑袖章，让公司员工戴上，表示哀伤。黑纱给这个公司带来的震撼是非常强烈的。这次事件，使员工永远也不会忘记公司的信念和他们所信奉的精神。

还有英国航空公司，有一次因乘客不足，就让乘客改乘另一航空公司的飞机。几乎所有乘客都同意并乘上另一航空公司的飞机，只有一位日本老太太，无论怎么说都不肯。于是英国航空公司就专门为这一位乘客飞越了这一航线。这一事件无论是对社会、对公司本身都影响巨大。英航公司失去的是物质利益，得到的是震撼企业员工心灵的企业精神的树立。

2. 外部途径

塑造良好的企业文化，还需要良好的外部环境。通过企业对外的传播活动，向社会辐射企业的影响，让社会通过企业形象来了解企业，为创立企业文化提供条件。

（1）塑造企业形象

众所周知，良好的企业形象是企业文化的外在表现形式，在激烈的市场竞争中，良好的企业形象对扩大企业的影响、增强企业的竞争实力具有重要作用。企业形象就是公众和企业人对企业的整体评价和印象。企业形象塑造表现在两方面：一方面，在于公众对企业的认同感上，包括企业的标志、注册商标、产品设计、产品质量、装潢和广告，以及各种附属印刷品的设计。所有这些，都可以使公众对企业产生一种可以信赖的印象。另一方面，在于员工是否与企业荣辱与共、关心企业的经营和效益、珍视企业的信誉。也就是说，企业必须使员工在工作中产生和企业同命运的信念，并且能够在统一价值观念的基础上团结一致，创造出宽松舒畅的工作环境，发挥每一个员工的创新意识和才能，不断推出新产品，扩大企业的社会影响。

（2）创造良好的外部环境

企业的外部环境包括民族文化环境、政治经济环境和市场环境。企业可以通过了解市场环境，对这些环境中的各种因素进行分析，再利用有利的因素，摒弃或改造不利因素。例如，企业的竞争对手及他们的优势有哪些，自己的劣势又在哪里，如何处理与对手的关系，市场中的积极因素有哪些，等等。通过了解外部环境，采取措施，改造外部环境，为企业文化的创立提供良好的外部环境条件。

二、企业文化要"以人为本"

日本著名的企业家松下幸之助曾说过，管理的目标是达到企业的最大绩效，而实现这一目标的核心就是——人。同样，企业如果不能以人为本，不能让员工有归属感，让员工形成共同追求的价值观，也就没有自己的企业文化，再好的规章制度也是摆设。那么一旦企业效益不佳，自然树倒猢狲散，人才远走高飞。这些，都是企业所面临的人力资源危机，如果不尽快改革僵化体制，拿出行之有效的措施，以人为本，其最终的结果就会把企业带到失败的边缘。

按照马斯洛"需要层次理论"，人的需要由低到高依次为生理需要、安全需要、社交需要、尊重需要和自我实现需要。企业文化理论在一定程度上反映了这一客观要求和发展趋势，体现了人的需求是从物质基础上向追求精神文化层次递进的。因此现代企业，尤其是聚集了大批人才的高新技术企业，更应重视员工各个层次需求的满足，构建尊重知识、尊重人才的企业文化，充分开发人的潜能，使企业和员工融为一体，进而形成企业的整体实力。

现代企业不仅是由技术、经济、规章制度、组织机构等因素组成的生产、销售系统，而且是由企业精神、价值观念、文化氛围等要素组成的文化系统；企业的生产经营活动不仅有经济意义，而且具有文化意义。具有优秀文化的企业，向社会展示了企业良好的管理风格和精神风貌，赢得了社会的肯定和支持，树立起良好的企业形象，这无疑是一笔巨大的无形财富。优秀的企业文化不会自发形成，需要管理者有意识地去培养，去建设。而要想建设一个优秀而有凝聚力的企业，就应强化以人为本的意识，使企业成为全体员工都具有使命感和责任感的共同体。

1. 强化以人为本

我们常说的一句话是：用好一个人才等于树立一面旗帜。如果企业选拔的人确实才华出众，品行端正，又被群众所公认，大家就会感到组织是公正的，企业是可以信赖的。反之，如果企业用人时大搞拉关系、耍手腕、拉山头、讲宗派等不正之风，员工就会对组织产生蔑视心理。所以，用好人才是企业以人为本最好的表现。

2. 构建人才成长的平台

我们一直说要事业留人，事业留人的核心是要使人才对个人的前途有好的预期。研究表明，人才对个人前途的预期越好，则他对组织的归属感也越强。人才对个人前途预期取决于企业本身发展的前景，也取决于人才自身发展的潜质。企业应当形成一个使“想干事的人有机会、能干事的人有舞台、干成事的人有地位”的氛围，帮助人才把他对个人前途的预测一步步地变为现实，而不应当用古板而陈旧的机制限制人才的成长发挥。因此，企业要切实解放思想，拓宽思路，创造条件，为人才成长构建发展的平台。

3. 形成以人为本的氛围

现实中不乏这样的例子，一个企业长期陷于困境，厂长、经理换了一任又一任，但是每一任管理者往往都只从技术制度层面上下工夫，忽视了人和文化层面的重要性，没有形成以人为本的文化氛围，致使人才流失、人心涣散，企业难以从根本上摆脱困境。一些知名学者曾对中、日、美三国的企业文化进行比较，认为美国的企业文化突出的是利润为先，日本的企业文化突出的是团队精神，而中国的企业文化突出的则是“安人”。“安人”是中国式企业管理的最大特色。关于如何做到“安人”，学者们列举了适当的关怀、真诚的服务、相当的尊重、安定的保障等办法。由此可见，所谓“安人”其实就是坚持以人为本。只有通过加强企业文化建设、强化以人为本的管理理念，把人放在核心位置，才能最充分地释放出蕴藏在员工中对事业追求和个人价值实现的能量，从而增强企业对人才的吸引力，增强人才对企业的归属感，继而全面提高企业的核心竞争力。

三、善于引导员工认同企业的价值观

费了不少心血引进的人才“跳槽”了；悉心培养出来的骨干员工辞职了；委以重任的心腹“叛变”了，还带走了手下优秀的团队；大批客户资源甚至商业机密……诸如此类因核心员工的“不忠”而给企业造成巨大损失，引发企业经营震荡的事情，在许多企业都上演过。

如何才能赢得员工的忠诚，至今仍令很多领袖大伤脑筋。其实，真正让员工忠于企业的，不是金钱，也不是升迁，而是认同。这个道理很简单：人的欲望是无限的，企业不可能满足员工们对金钱与升迁的所有欲望，领袖要做的就是让员工认同你的企业文化。因为任何一家企业的文化都是独一无二、无法模仿的，只要他认同了企业文化，在接受另一种企业文化的时候就难免会有排斥心理。从另一个方面讲，认同的本质又是员工和企业价值观相融的表现，价值观又决定了员工的忠诚，唯有建立在价值观认同基础上的忠诚，才是持续且难以改变的，才是一种发自内心的精神追随。

所以，企业如果想成功留住员工，领袖其实无须给他们无止境的金钱和升迁诱惑，只需引导他们认同企业的价值观即可。要想让员工认同企业的价值观，领袖可考虑从以下四方面入手。

1. 良好工作氛围的渲染

良好的工作氛围对员工认同企业价值观发挥的作用不可小觑，因为，如果一个企业没有良好的工作氛围，那么员工之间将无法进行正常、充分的沟通，也就很难建立信任，这就使员工之间相互交流与学习产生障碍，不利于共享价值观的形成。实践证明，良好的工作氛围是一种强力“黏合剂”，可以使员工在愉快的环境中工作，使员工彼此间相互信任与合作。这种氛围越是浓烈和长久，对员工的“黏合”效应就越强大、越长久。员工在这种氛围中潜移默化的结果，必定是对企业价值观的持久认同。

2. 通过培训，培养认同感

这种培训，并不是企业平常针对员工进行的技术或技能方面的，而是对价值观方面的培训，目的是系统地向员工灌输企业价值观，有针对性地培养他们对企业价值观的认同感。

培训的方式很多，如领袖的演讲。杰克·韦尔奇在任期间的工作重心之一，就是在通用电气总部及遍布世界各地的分支机构，进行价值观方面的巡回演讲。这种方式取得了非凡的效果，不仅使通用成为全球最受尊敬的企业之一，也使杰克·韦尔奇为自己赢得了“世界头号经理人”的殊荣。此外，企业还可以通过一些专题教育、拓展训练及一系列相关活动对员工进行培训，其中，讲故事是最有效的方式。通过把企业价值理念故事化，并配合有效宣传，对培养员工的认同感会起到极好的效果。

3. 目标引导

一个明确、清晰、与员工追求结合很紧密的企业目标，对引导员工认同企业价值发挥着重要的作用。

共同的目标与追求是维系员工与企业的唯一纽带，也是员工与企业合作的唯一原因。没有什么比一个明确、清晰的目标更能吸引人的了，特别是当一个企业正在实践其目标的时候。如果员工相信他们所做的事是值得的，相信能够通过自己在企业中的工作完成他们值得花费时间和精力去做的事情，那么，他们就会认同企业的价值观，追随企业目标，积极努力地去行动。

4. 领袖的魅力"辐射"

美国军事家克里奇曾经说过：没有不好的组织，只有不好的管理，好的领袖是好组织的塑造者。领袖是企业的灵魂，是企业与员工之间的纽带，其价值观又是企业领袖价值观的核心。因此，与其说是员工对企业价值观的认同，不如说是员工对领袖价值观的认同。但要让员工认同领袖的价值观，只靠"权威"是绝对不行的。一只老鼠爬到佛像头上，看到下面有许多人在向它跪拜，十分得意，以为自己就是神了。一只野猫扑过来要吃掉它。老鼠说："你不能吃我。"野猫问为什么，老鼠说："我是神，你没看见下面的人都在向我跪拜吗？"野猫冷笑一声："人们向你跪拜，不是因为你，而是因为你所处的位置！"

可见，权力与地位并不能使员工真正对企业领导者心悦诚服。要真正让员工心甘情愿地认同你，就必须靠自身的一些"软要素"，比如，能力、人格、对员工的关怀等。具体来讲，一个企业领袖必须具备以下几点。

（1）心系员工，为员工着想

领袖卓越的能力与超凡的人格魅力如果不能与员工的个人需要联系起来，就无法对员工形成持续的吸引力。因为，不管何时，个人的需要与实现需要的动机永远都是人们行为的第一动力和指向。就比如说，员工工作是为挣钱，挣钱是为吃饭，如果领袖给员工的工资薪金根本维持不了员工的基本生活，那么领袖即便是有着卓越的能力和超凡的人格魅力，也只能令员工敬而远之，员工更不会与你产生共鸣了。因此，心系员工、时时为员工着想是获得员工认同的第一前提。

（2）超凡的人格魅力

人格魅力从来都是非常具有吸引力和感召力的。超凡的人格魅力正是领袖感召力的精神基础，而领袖也正是凭借其超凡的人格魅力成为整个组织的精神领袖。所谓"其身正，不令而行；其身不正，虽令不行"，这些都是在说明作为企业领袖，首先要"自正其心""自省其身""自修其行”；其次要“正人之心”“省人之身”“修人之行”；最后要“聚人之气”“合人之力”，领袖群伦，所向披靡，达到“令民与上同意，上下同欲者胜”的效果。

（3）卓越的能力

领袖最重要的使命是要带领企业追求卓越，这就需要领袖具备成就大业的能力和潜质，并且也确实取得了一些令人刮目相看的成就，这样的领袖自然能让员工在心悦诚服中言听计从，觉得追随这样的领袖是有前途的，与这样的领袖合作自己是能进步的，进而产生由衷的认同感和信任感。

四、领袖要服务于企业文化氛围的营造

企业文化作为人们的精神需求，是一块沃土。在这片土地上，领袖应该尽情播下希望和鼓舞的种子，这是员工被激励时最需要的精神养料。企业领袖要想让这块土地变得肥沃，就需要在对内的各种规章制度和福利待遇、为员工提供的各种工作、生活的舞台以及企业对外的形象等方面作出努力，从而确立企业在员工、在社会大环境下一种独特的人文氛围。良好的文化氛围是让员工快速融入企业的催化剂，是滋生员工积极快乐工作情绪的无形养料，更是减轻企业领袖管理难度的助推器。那么，如何才能营造有助企业管理发展的文化氛围呢？在工作实践中可以通过以下几种途径营造企业文化氛围。

1. 丰富企业文化生活，协调相互关系，增进员工间的情谊

利用各种文化活动，沟通员工个体与个体之间、个体与群体之间、群体与群众之间的感情，协调相互之间的关系，增进彼此间的情谊。企业还可以以生产经营为中心，把文化活动与劳动竞赛、技术比武及合理化建议相结合，以文化活动促进生产活动。寓教于乐，适应员工的爱好和需求，通过建立娱乐室、举办文艺演唱会等活动，加强对员工的思想、文化的熏

陶，从而使员工形成对企业的向心力和凝聚力。

2. 创造良好的学习环境，建立学习型组织

大力倡导学习型组织的文化氛围，鼓励企业成员求知上进，使企业内部形成浓厚的学习气氛。企业要以员工岗位学习、岗位竞赛活动为载体，激发广大员工学文化、学知识、学技术的热情，变“要我学”为“我要学”，营造浓厚的学习氛围。营造相互教育、共同提高的学习气氛。让每一个员工都乐于把自己学到的东西与他人分享，甚至可以定期开展小型的讨论会，促进大家共同进步。

3. 确立员工的“主人翁”意识

让每个员工都成为企业的主人，这样员工就会意识到他们的命运与本企业的前途息息相关，员工会把自己的喜怒哀乐与企业的发展紧密联系在一起。一旦企业有困难，大家也就不会是想着尽快逃避、各奔前程，也不会袖手旁观，更不会幸灾乐祸，而是集思广益、齐心协力、共渡难关。因此，领袖要通过宣传教育，使企业全员有一个趋向一致的价值观，并确立“企兴为荣、企衰我耻”的思想观念和敬业精神，激发员工的主观能动性。

4. 营造企业大家庭氛围

企业在特定的环境下也是一个大家庭。企业的家庭氛围所产生的行为科学，使人与人之间有了亲情和向心力，从而促进企业生产力的发展。同时，也使员工得到精神与物质上的收获。因此，要让员工感到企业的家庭氛围。

首先，企业领袖要从思想上、事业上关心员工。关心员工政治思想上的进步，文化、技术水平的提高，在工作上给予支持和帮助等，使员工感受到企业的重视与尊重，感觉到事业上有发展前途，从而促进上下级之间感情的融合。

其次，企业领袖要从生活上关心员工，尽力为其办实事，解决实际困难。当员工在工作上和生活上遇到困难的时候，鼓励其他人伸出双手来帮助他，让他在这个集体中不感到孤独无助。最后要尊重每个员工的人格独立性。企业的员工来自不同地方，有着不同的文化和社会背景，企业应尊重每个员工的人格独立性，给每个员工营造一个宽松自由的空间，消除各种障碍，疏通人与人之间的沟通渠道，建立简单、直接、充满热情的沟通方式，让每个人都能最大限度地发挥自己的想象力和创造力。

5. 从小事做起，从自身做起

领袖倡导什么样的文化氛围，就应该身体力行，从自身做起，让自己成为这种文化的第一个实践者。

营造企业文化氛围的重点是营造企业文化的感情氛围。在积极营造物质氛围和制度氛围的基础上，要把营造良好的企业感情氛围作为重点。用许多小的事情综合形成企业中无所不在的氛围，企业文化的氛围就会一天比一天更浓。

可以说，没有企业文化氛围的企业是没有灵魂的企业，没有灵魂的企业自然也无法期待它会对员工产生强大的凝聚力。因此，营造真实的企业文化氛围正是企业凝聚力的核心要素。

五、善于坚持，服务于企业文化的独特性

在一个企业中，文化作为一种理念，与企业的兴衰成败息息相关，是企业与生俱来的。在追求精神状态最佳化、物质财富最大化上，所有企业的文化建设目标都是一致的，这就是其共性。但是，由于各企业所在行业不同、价值取向不同、所处的地域不同、性质不同、追求的方式不同，为了使自身具有持续的生命力和旺盛的竞争力，在技术层面上，其运作方式又不一样，这就是企业文化的独特性。对于一个企业领袖来讲，要善于坚持自己企业文化的独特性。

索尼公司在阐述其信念的公司纲领《索尼之魂》中，第一句话便是“索尼是开拓者”，表示出敢为人先，绝不跟风的意志。紧接着又写道：

“永远向着那未知的世界探索。”申明其远大目标。在这一远大目标之下，“开拓者索尼把最大限度发掘人才、信任人才、鼓励人才不断前进视为自己唯一的生命”，以人为中心开展一切工作。

松下电器产业公司，其企业文化内涵也十分丰富，但其中最具特色、给人留下最深刻印象的，莫过于“自来水哲学”。早在松下电器产业公司创建之初，其创始人松下幸之助就用自来水供给的例子，生动地阐述了他创办企业的宗旨及经营信念。他认为，松下公司所生产的产品，首先要价格便宜，让广大消费者都能买得起，其次要货源充足，保证市场的大量需求，就好比日常生活中不可缺少的自来水一样，既价格便宜又源源不断。按照松下的企业哲学，那就是社会培育了企业，企业应该满足社会的需要，而与此同时，企业也将得到社会的酬劳。

独特的企业文化往往会给企业增添独特魅力和勃勃生机，促进企业又好又快地发展。坚持文化的独特性，企业可以参考以下三个方面。

1. 经营理念和企业制度的独特性

第二次世界大战后，日本在短短30年时间里就使自己从一个被战争摧毁的战败国一跃而成为经济大国，令世界惊叹。人们不禁要问，日本究竟靠什么手段实现了经济的腾飞？在诸多因素中，最为引人注目的就属日本独特的企业文化了。而日本企业文化的独特之处首先表现在它独特的经营理念和独特的企业制度上。

（1）终身雇用、年功序列、企业内工会等

每年大企业通过对应届大学毕业生进行面试，选择录用综合能力较强的人。最初几年，他们受到全面培训，或担负各种工作，增加他们关于公司的知识。最有前途的人可能被授予最有挑战性的职务。被认为无能的人，通常也不会被解雇，因为公司要严格遵守终身雇用的原则。年功序列和终身雇用密切相关。它是根据职员在本企业连续工作的年数、学历等确定其工资和职务的制度。企业内工会指企业内部的工会，它只限于企业内部，不分工种。成员只限于科长以下的员工。企业内工会成为员工与雇主之间交涉的主要角色，它缓和了雇主与员工的矛盾，有利于企业的经营管理。正是这种独特的理念使日本经济从战后的委靡状态一跃而起，用很短的时间创造了日本企业的神话。

（2）独特的经营理念

比如，松下电器的"产业报国"；丰田公司的"上下同心协力，以至诚从事业务的开拓，以产业的成果报效国家"，等等。

2. 人文理念的独特性

每个企业还会因它所处的发展阶段不同、生产技术难度不同、经营观念不同、欲达到的目的不一致，而对人才应具备的条件要求也不一致。比如，海尔的人才观是"人人是人才，赛马不相马"；西安杨森追求的则是"鹰雁精神"，倡导员工做搏击长空的雄鹰。企业只有根据自身的特点创建适合企业的人文理念，才能让每一个员工在不同的岗位、不同的工作情境下，充分发挥各自的才能，群策群力，协作共进，解决研发以及生产过程中的技术难题，完成各项工作任务。

3. 企业精神的独特性

企业文化是以企业精神为核心的独特的思维方式、行为方式和企业形象，同时它又是企业在长期生产经营过程中形成的，并为全体人员遵守和奉行的价值观念行为准则和审美理念的综合反映。因此，企业文化应该与本企业的产品一样，具有鲜明的个性和独特的风格。

由于每个企业的情况各不相同，因而表现出来的企业精神也具有其独特性。然而，现在有很多企业在建设企业文化时，仅仅模拟其他企业文化的语言文字，提出几句口号或标语，都是团结、进取、拼搏、求实、开拓、创新等不同组合。众多企业都用同一面目去描绘企业的精神，而不讲究企业的具体特点，造成雷同，使企业文化失去独特性。如惠普的企业精神是"创新精神与团队精神"；日立公司的社训为"诚将优良产品贡献给社会；开拓精神，积极进取，独立自主；尊重个人意见，广与谈话，但以和为本”。这些企业精神、价值观都是每个企业根据自身情况制定出来的，不仅个性鲜明，且言之有物。比起许多企业一概笼统地提出“求实”“拼搏”等口号，内容显然要丰富得多。当然，企业的目标精神制定之后，更重要的还是要采用切实可行的措施加以落实，如果只是口号，而不采取行动去实现，那么用企业文化管理企业只能成为美好的愿望。

文化的独特性就像一张标签，装点着企业的门面，使企业能够有自己的特点，所以企业在发展过程中，不要迷失方向，要借鉴其他企业优秀文化，同时结合自身企业的特点，创造出适合自己独特的企业文化。

管理有三个阶段，第一个阶段是“人治”阶段，靠领袖的个人魅力，带动他人激情创业；第二个阶段是“法治”，随着团队壮大，建立制度化管理，用制度管人；第三个阶段是“文治”，用文化管理人，通过企业文化建设，将企业愿景、使命和价值观深深地植入员工心中。领袖必是企业文化虔诚的传教士。

特质四

服务于企业队伍建设——领袖是企业人才的带队人

企业领袖本身就是企业发展的领路人。领袖在企业内部的管理上，必然服务于企业人才构建以及管理。做最好的管理者和优秀的领航人是企业的使命所在。火车跑得快，全凭车头带，企业的发展也是一样，企业发展得好坏与否就得依靠企业领袖这个带路人。服务于企业队伍建设，是领袖管理服务力的重要表现之一。

统领人才，搭好班子，服务于高效的团队

一、领袖要加强班子建设，使团队发挥战斗力

有了人才济济的领导班子仅是成功的第一步，最重要的是能把这些人的力量集中到一起：心往一处想、力往一处使，这就需要在班子内部加强建设，从而使每个人发挥出最大的战斗力，那么怎样才能做到这点呢?

1. 搞好内部团结，发挥合力作用

领导班子的团结很重要，团结就是力量，团结才有凝聚力、战斗力。班子成员之间友好、融洽地相处，就能创造一种和谐的人际关系，会使人心情舒畅、精神焕发，工作更加得心应手。

2. 在企业内建立一种系统的科学管理制度

没有有效的制度和规范，就会出现无序和混乱，就不会产生井然有序、凝聚力很强的班子。

3. 树立正确的企业领导班子的奋斗目标

要导向明确、科学合理，而且还要把经营目标、战略、经营观念融入每个成员的头脑之中，使其成为共识。从“一把手”到普通的班子成员都要对目标进行分解，使每一部门、每个人都知道自己所应承担的责任和应作出的贡献，把每一部门、每个人的工作与企业总目标紧密结合为一体。

4. 完善企业的激励机制，激发员工的工作热情

合理的激励制度，就要做到物质和精神两方面的激励工作，否则任何激励都不会有明显的效果。

5. 班子成员要增强自身的影响力

班子成员由于其地位和责任而被赋予一定权力，但仅凭权力发号施

令、以权压人是形不成凝聚力的，更重要的是靠其威望、影响力令人心服。一个富有魅力和威望的领导班子，自然会把全体员工紧紧团结在自己的周围。

6. 沟通和协调减少企业的内部阻力

沟通主要是通过信息和思想上的交流达到认识上的一致，协调是取得行动的一致，两者都是形成有战斗力班子的必要条件。

7. 善于开发员工的潜能

只有充分挖掘出每位员工的潜能，企业才会蒸蒸日上。为此班子成员要认真研究每一个员工的才能、专长、潜力、志向，帮助员工规划人生之路。

只有加强以上各方面的建设，企业的领导班子才能成为一个真正有战斗力的班子；才能发挥企业最大的优势，实现经济效益最大化。

有些事情做不成，很多人怨天尤人，说不是自己能力不行。但联想柳传志信奉的一点就是什么事情都在自己身上找原因，自己想办法去解决。“很多事情不到时机，我的势能不够，我会按住不动，我坚决不做，绝不会因为要抢前一步做一件事情，破坏了班子的和谐。”

二、构建良好的人员结构是领袖的带人艺术之一

世界上大概没有万能的个体人才，但“万能”的人才群体是有的。“三个臭皮匠，胜过一个诸葛亮”就是这个道理。

20 世纪 40 年代，美国能在短短三年时间里研制成世界上第一颗原子弹，关键是有善于组合人才的奥本海默这样的科学家和科技管理专家，他领导了 18 万人，把 1 万多名具有各种专长的科技人员合理地组合成一个整体，其中有世界上最杰出的科学家，例如英国的查德威克、意大利的费米、德国的贝蒂、苏联的基斯卡柯夫斯基、奥地利的拉比、匈牙利的特勒以及美国各大学杰出的理论物理学家、实验物理学家、辐射化学家、数学

家、冶金学家等。奥本海默在原子能方面的知识远不及他领导下的科学家，但他有多方面的才能善于组合人才。

群体人才的合理结构，也就是各种不同人才的合理组合。组合得好能产生奇效，使整体效能大于各个人才作用之和，即一加一大于二；组合得不好，会使各个人才的作用发挥受到限制，甚至产生内耗，个体人才的作用相互抵消，即一加一小于零。进行人才配备和组合的基本原则包括以下几点。

1. 直接上下级习惯的领导方式和行为方式应该一致

领导方式一般分为民主方式、集权方式和放任方式。不少领导者都有自己习惯的领导方式，往往不注意根据不同的情境变换采用。这样，在选配干部时，就不能不注意上下级之间在习惯的领导方式上的搭配。

2. 整体适度

（1）整体大致适合即可

作为集体里的人，有时不大适应倒会更好。松下幸之助先生有段话说得很明白，他说："人员的聘用，以适用公司的程度就好。程度过高，不见得一定有用。当然较高水准的人认真工作的也不少，可是很多人会说'这个公司真倒霉'；如果换成一个普通程度的人，他会感激地说'这个公司还蛮不错的'，而尽心地为公司工作。"他还认为，招募适当人才达到70%，有时候反而会更好。

（2）用骨干优化结构

骨干只能是少数，如此才能有结构的优化。这里还有松下先生的一段话："我认为不一定每个职位都要选择精明能干的人来担任……如果把10个自认为一流的优秀人才集中在一起做事，每个人都有他坚定的主张，那么10个人就有10种主张，根本无法决断，工作也就无法推动。可是，如果10个人中只有一两个确有才智的领导者，事情反而可以顺利进行。"

3. 上下级差距适当

上级的能力太强，而下级的能力又显得过弱，那么，时间一长，就很容易造成下级对上级的依赖心理，而上级则会产生主观片面等问题，形成一言堂。如果上级和下级的差距过小，上级的威信就难以树立，搞不好还影响合力的形成，甚至会各行其是。

4. 整体互补

不管是什么样的人才群体，都是一种结构，都是一种由不同元素的结构构成，因此，整体互补便是群体的应有之义。我国著名的人才学家王通讯讲过这么一段话：“凡是成就大事业者，无不是带领着一大群才性各异、秉性不同，既有才能，又有毛病的人打天下的，这才是活生生的丏史。明此乎，方能真正抛弃‘人要完人’的思想，回到脚踏实地的实乐生活中来。”这话讲得很透彻。

三、实行专业化管理，建设高效的现代团队

作为企业管理最上层人物，企业领袖的管理水平也就决定企业发展状况。而建设现代高效的团队，并进行专业化的管理非常的重要。这里所谓的专业化就是使企业形成规模经济，专业水平提高和成本降低，而不是像全能型企业那样什么都管，被繁杂事务拖后腿，分散领导精力。比如，日本有许多企业不建立自己的原料仓库，而让商社和株式会社将企业需要的材料送到生产现场，形成社会供给形式。这样，企业就可以集中精力管经营、抓生产，突出专业优势，形成规模经济。

从对比中可以看出，现代化组织机构模式具有很大的优越性：从机构设置的数量上看，传统模式大概比现代模式多一倍；从机构的功能来看，现代企业的机构是综合性的，过去企业的机构则是单一职能的。

上海一家物流公司是通过专业化管理取得成效的一例。上海一家物流公司的前身是北京锅炉厂，合资前有职工 1500 人左右，采取的是传统的管理模式，有 20 多个科室。合资后按外国模式大致取消了一半的部门。经过向专业化管理模式的转变，它现今已是一家实力不俗的中外合资企业了。

经常会有人这样认为：提高效率、减少部门，不就是机构合并吗？而大生产却是要求分工合作的，这两项原则不是相违背吗？其实二者并不矛盾，因为有些企业面临的不是分工的问题，而是一个决策的问题、组织结构的问题。

大生产的过程强调分工是对的，分工的好处不能忽视：分工管理、专业化管理比起专业化水平不高的企业来说是能提高效率的。但分工细的目的是专业化，如果企业不能在细致分工的基础上果断舍弃一些业务或职能，把精力集中在自身的优势上，那么非但尝不到轻装上阵的甜头，反倒会增加企业管理程序、延长工作周期、增加工作协调量，把原本简单的事情弄复杂；分工太细：把一项工作分拆得七零八散，人们各忙各的，内部自然出现分散主义，各搞一套，抓质量的不顾成本，搞生产的不顾质量，达不到有效生产的目的。

因此，在企业经营的过程中，首先要明确分工的目的，其次，也要把握分工的度，分工要适当，视企业的自身情况及市场竞争环境而行。坚持专业化管理势在必行，但哪些部门可以合并，哪些不应该合并，并非凭领导者的主观愿望，而是要从管理的内在规律出发，着眼于管理连贯，提高效率。

1. 突出关键职能

突出关键职能就是将生产、技术、开发、销售、财务、人事等职能中对实现企业任务和战略起关键性作用的职能部门找出来，在机构设置上，不与一般部门平起平坐。

在进行具体的企业管理时，企业不能像画机构图那样，总经理部下设几个部，几个部都是并列的。在这些部门中，有的是关键部门，有的是一般部门。要突出关键部门的作用，使其在人员配备及职权上比其他部门高，在人力、物力、财力上都要赋予它更大权限和责任，把它提高到决策层，让它有指挥权、否决权，这是组织成功的重要条件。

关键职能部门不是绝对的，不同的战略，它的关键职能部门是不一样的，所以，有多种组织机构形式，其管理重点也不一样。例如，以质量为中心组织模式的企业，就需要把质量管理部门作为一个关键来看待。这多适用于电器类行业的企业。顾客要求质量过关，家电生产企业一般采取质量取胜的战略。

为质量取胜战略服务，企业在组织结构上要突出质量管理部门的作用，如将质量管理部门，即质量管理委员会，设为“一把手”下面的一个直属机构，作为一个决策机构来考虑问题。质量管理委员会研究出来的关于提高产品质量的措施，在经质管会主任，即“一把手”同意后，以“一把手”的名义下达，这样就不只是部门之间的意见了，而是对各个部门构成了必须执行的指令。

企业如果能够坚持组织结构专业化管理，那么在生存、发展和壮大方面都将能发挥明显的效应，关键看我们能否抓住其要领，来完成现代化领导班子的搭配工作。

2. 双重职能的部门可以合并

即管理职能和辅助职能的合并，辅助、生产职能的合并。与设备有关的管理职能叫设备管理职能，主要是管理设备的登记、造册和变动。在传统企业中负责设备管理职能的部门叫设备科，与设备有关的还有一个辅助作业的职能部门，负责设备的维修。这两个部门一个是设备科，一个是机修车间，这是可以合并的。现代企业应坚持走职能综合化的路子，着眼于管理效益的提高，加强管理程序的连贯性。

3. 相同职能的部门可以合并

例如，某公司以前有个供应科，还有个采购科，后来把供应科和采购科合并为采购部，把采、供职能合并在一起，现在基建原料、设备直至办公用品的采购全归采购部管，这样就节省了人力、提高了办事效率。宝钢原来部门很散，运输部门就有很多，有铁路运输、公路运输、码头运输和厂内交通管理，后来合并成一个运输部，这样就能够加强对运输力量的统管，对于运输统筹相当有利。

4. 突出优化重点班子

领导班子系统由一定的层次构成。为此，在领导班子结构优化过程中，必须注意不同层次间的区别和联系，抓住关键性层次。重点班子是领导班子系统中的关键层次，承担着重要职责，发挥着重要作用。把重点班子选优配强，是领导班子结构优化的重中之重。

5. 单职制——通管方便闲人少

现代化企业大部分都采取单职制的组织机构，目的就是在企业中尽量少设或不设副职。如何看待副职的功能，这是组织机构的一个重要问题。国有企业中大都存在副职多的问题，甚至有的企业还出现了官多兵少的现象。一个处里，一正两副两个兵的现象相当普遍。

单职制是现代管理发展的方向，副职多是管理落后的重要表现。为什么要减少副职？不是为了少几个人，减少一些费用，这并不重要，如果对管理有好处，多设几个人，多点工资是可以承受的。问题是副职多了，妨碍了管理的现代化。如果每个副职都分管一个方面，那么其专业管理面可能会很窄，对其他问题不熟悉，话说不到点子上。作为领导本来不能只代表一个部门的观点，但因他只管一个部门，只能有某一方面的意见，所有事情最后还是要由正职老总来统一思想，因此副职过多是可能降低管理效率的。

当然，单职制管理也有一定的弊端，那就是班子成员的工作量增加了。从现代化组织理论来看，可以采取合理授权的办法解决这个问题。有些工作不一定非要设立一个副职，可以授权给其他班子成员代行。

四、利用好团队中的关键成员是领袖的用人之道

每个团队都会有他的关键成员，企业的领袖只有善于把握团队中的关

键成员才能把企业团队建好。如果你询问企业的领袖，什么是他的最大问题，所得到的回答几乎都是一样的。“整天总是没有足够的时间做完各种事情。”而实际上他完全可以通过把精力集中到可以帮助自己完成这些工作的人身上，让他们来解决这些问题。不要把宝贵的时间浪费在不能帮助自己达到目的的那些员工身上。企业的领袖如果认准了得力的下属，就大胆地培养几个关键性的人物，让关键性人物领导团队，这样就能节省许多精力。

企业领袖应该在自己的周围识别谁是关键性的人物，以便你能适当地利用他们的技能，这样就能得到异常良好的结果。关键性的人物对整个公司的发展特别重要，尤其是公司处于困境时，他们会随时随地根据需要，帮助企业的领袖完成各项任务。一个私营公司要向前发展，一个团队要创造业绩，离不开优秀杰出人才的加盟，这样才能成就大业。

汉高祖刘邦是一介布衣，不愿从事寻常百姓的工作，反倒结交了众多游侠，当他见到秦始皇出巡的行列时，仰天长叹道：“大丈夫当应如此。”从此广交各路豪杰，礼贤下士，将萧何、张良、韩信等杰出人才收于麾下，终于推翻秦王朝打败霸王项羽，成就帝王大业。

可以说，远到各朝各代，近到大小公司，若没有关键人物效力，王朝是不会兴盛的，公司也不会发达的。很多企业领导者，在管理生涯中都会遇到这样的事情，某一天一位团队中的关键成员找到他说：“能够为您工作和这里的人共事，我真的很开心，但下个星期一，我去另一家公司工作。这跟你没有关系，跟这里的工作环境也没有关系。我只是觉得，换个地方能有更多的机会提高自己。”

你可以微笑着祝他顺利，并告诉他，要是他回来工作的话，你会乐意考虑的。但是，你的微笑并没有真正反映他真实的情感，类似这样的事已经并会继续发生。

在今天，人才流动速度越来越快，类似于“跳槽”一类的事不足为奇，不见得是一种错误。但要是其他公司没有作出加高薪水或是升高职位的承诺，却还是把你优秀的员工给挖走了，这就可能真的是一个错误了。如果这些东西不是金钱，不是更高的职位，那又是什么呢？这个问题，企业领袖要好好想想了。下面是一些可能的原因：企业领导者表现得太想留住员工，但员工们认为，时间再长，你就会尽力阻止他们离开。这样，他们一有机会就马上离你而去；员工们认为企业领导者并不是一个好的管理者，他们觉得为别的公司工作更值得；团队主管名声不好。员工们认为，只要他们不离开这个团队，提升的机会就小得可怜；员工们觉得企业领导者不会欣赏他们做出的努力。如果他们一分钱都加不了，那么至少可以找个能够赏识自己的领导。当然，除了这些，还会有很多其他的原因。

但不管是什么原因，团队中关键性人才的流失，直接威胁到团队的生存和发展，管理者必须阻止这种现象。先仔细反省一下自己的“所作所为”，如果企业的领袖不想再失去员工的话，就必须这么做。然后，参考参考下面的几条建议。

1. 该放就放，再想也没用

对于那些“身在曹营心在汉”的员工，不必死抓住不放，你的公司里不需要这样的人，把愿意留下来的留下，一心想走的，就让其走，并且送上你的祝福。

2. 给予利益，留住人才

关键性人才之所以留在企业领袖的身边，而非另奔他人，是因为他希望从团队获得最大收获，也只有在这种情况下，他才能最大限度地贡献力量。所以对于关键性人才要给予一定的优待与利益。

3. 礼贤下士，招揽人才

招揽了杰出人才，他们很快立下了大功，出了风头，这时，有些企业领导者就心里不平衡，因为自己的部下都把注意力与称赞投向了别人，而不是自己。从此以后，常常故意找碴、挑刺，直到最后把有才能的员工挤走。要想留住优秀员工，一定要杜绝此类现象的发生。

4. 做调查，弄清原因

调查一下其他公司是怎么运作的？他们的优势何在？然后，留意别人告诉你的每一条意见，并着手进行改革。

可以说，一个团队潜力的大小要看这个团队拥有关键性杰出人才的多少及对人才重要性认识程度的大小。因此，把握团队中的关键人物是企业领袖的一项重要工作。

五、复制公司人才，成就领袖大业

生命成长的过程是由细胞分裂完成的，即母细胞分裂出子细胞，不断地复制，不断形成组织、器官、系统，最终形成一个完整的生命个体。私营公司成长的过程和生命个体成长的过程是一样的。一个企业应该具有繁殖能力，分裂能力，不断从公司内部培养人才，这些人才组成企业的器官和系统，最终形成一个企业实体。

有的私营公司为了吸引人才，往往不惜重金从外面招聘员工，其工资待遇往往高出本公司员工的几倍，甚至几十倍。这种情况往往导致公司原有职工心理不平衡，引起一大批老职员的不满，导致其积极性下降。

在私营公司内部培养人才既有利于提高本单位人员的道德规范，又可避免高质量的人才外流。如果公司认为自己内部的员工都是无能之辈，那就可能埋没人才，使人才流失。

美国玛丽·凯化妆品公司主张从本公司内部提拔干部。如果公司内部有合格的人选，他们一般不聘请外人来公司任职。

他们的做法是：当一个部门的领导层出现空缺时，该部门的经理向公司人事部门正式提出担任这一职务必须具备的条件，人事部门即在每栋办公楼的布告栏上公布这一消息，公司里的每一个人都可以申请担任这个职务。无论申请者现在干什么工作都没关系。如果有人不喜欢自己现有的工作，如果此人认为新职务是个晋升的机会，并认为自己是合格的人选，就可以提出申请。人事部门将同每一名希望得到这个职务的雇员面谈，从中择优录取。如果认为申请者都不理想，他们才聘请外人补缺。在多数情况下，补缺的多是公司内部的人。

他们认为这种做法对他们有积极作用。因为这种晋升的机会创造了一个良好的风气，它激励员工们从长远角度考虑自己同公司的关系。它向刚加入公司的人表明，他们不会永远待在最低层。它也使那些在基层工作的人看到希望，或许几年后他就不用在那里工作了，除非他自己愿意。无论是仓库里的包装工人、会计部门的职员，还是从事文字处理工作的人员，如果他不喜欢现有的工作，都可以在公司内找到其他工作。如果他愿意提高技术，增强对公司运转情况的了解，公司也可以给他提供多种其他工作。

这种做法使人员外流减少到最低限度，他们认为训练两名精通业务的雇员要花几个月的时间，如果失去他损失就太大了。并且，这种做法还会产生连锁反应。例如，经理层出现一个空缺后，可能会有十几个人申请补缺。一旦公司选中某人补缺后，又会有另外十几个人要求得到补缺者担任的职务。等到这个空缺有人填补后，也许在更低位置上的某人又顶上来。近年来，全球商业领域最流行的传记莫过于通用电气前任首席执行官、商业巨子杰克·韦尔奇的自传了，在短短的二十年时间里，韦尔奇使通用电气公司的市值增长得惊人，排名从世界第十位提升到第二位。他所推荐的“六西格玛”标准、全球电子商务，几乎重新定义了现代企业。因此，他被誉为“我们这一时代一流的公司改革大师”“商业魔术师”等。韦尔奇完全是通用电气公司内部培养起来的。

1960 年，韦尔奇加入通用电气公司，21 年后，成为通用电气公司历史上最年轻的董事长兼首席执行官。如果不了解通用电气公司的历史，你一定会以为他也像艾柯卡拯救克莱斯勒一样，是通用电气公司的大救星，拯救了身陷困境难以自拔的通用电气公司。韦尔奇接管时的通用电气公司绝不是一个身陷困境难以自拔的公司；相反，前任总裁雷金纳德·琼斯退休时，被誉为“美国最受钦佩的企业领导人”，还连续两次被评为“当今商界最有影响的人”及“最佳总裁”。

韦尔奇的前任总裁雷金纳德·琼斯早在1974年就制定了一份题为《总裁交接细则》的文件，通过七年的酝酿、完善该文件，琼斯花了两年时间把候选人减少到12人，接着从中筛选出6名主要候选人，其中包括韦尔奇。为了全面考察他们的能力，琼斯任命他们担任“部门经理”，直接向总裁办公室汇报工作。在随后的时间里，他让这些候选人完成各种各样的艰巨任务，找他们谈话，比较他们写的文章，对他们的工作进行评估，据此来缩小候选人的范围。

最终，韦尔奇以很大的优势赢得了这场备受煎熬的耐力竞赛。1981年4月，雷金纳德·琼斯正式选中杰克·韦尔奇为他的接班人，韦尔奇走马上任开始了他20年通用电气公司首席执行官的征程。

通用电气公司的历任总裁名录中，几乎每一位总裁都是改革者：第一任总裁杰勒德·斯沃普，领导通用电气公司大举进军家用电器业，还引进了一种全新的管理方法——“开明管理”。1950—1963年的总裁拉尔夫·科迪纳，提出了“不妨大胆一试”的口号，使通用电气公司的市场份额占有率增长了20倍，并且他还建立了目标管理体制，创办了用于公司管理人员和员工培训的克罗顿维尔中心。如果根据股本收益标准衡量的话，1915年以来，通用电气公司在韦尔奇的前任总裁的管理期间的平均数为28.29%，韦尔奇时期为26.29%。再根据收益率的高低把通用电气公司的7位总裁排个队，韦尔奇时期排在第5位。从中可以看到通用电气公司的历任总裁都是极其优秀的，各自都有丰功伟绩。

我们佩服韦尔奇，因为他改变了通用电气公司，为通用电气公司未来的繁荣和扩张打下了坚实的基础。但是，他的前任总裁们也一样，他们同样创造了非凡的业绩。我们更佩服通用电气公司，它造就了一批批优秀的高层管理人员，这是通用电气公司的最伟大贡献。

通过分析我们不难发现，其中的秘诀是通用电气公司有一套先进的内部人才培养和选拔机制。从公司内部科学的培养选拔使通用不断地取得事业的辉煌。

六、领袖要善于激发员工的主人翁意识

松下幸之助的名言："领导者再强，但员工冷淡，仍难推动工作，必须设法使每个人都自认为自己是负责人。"著名的企业家山姆托伊说："若能使员工皆有归属之心，这种精神力量将胜于一切，只有靠整体作业人员的彻底向心力，以企业的盛衰为己任，才能使企业臻于成功之境。"一句话道出了企业成功的奥妙所在。那么这种"归属之心""精神力量"究竟是什么呢？——就是主人翁意识。从管理者或企业组织的角度来说，一个有着主人翁意识的员工，一定是深爱着部门，深爱着公司，对组织有着巨大献身精神的人。而从员工本身的角度来看，主人翁感意味着他们有权对自己的工作以及与之有关的其他事情做主。

主人翁精神就是一种创造性的精神，它要求人们运用自己的判断力，去解决组织所面临的困难与问题，用自己的自豪感、自信心所发出的巨大热情去创造奇迹。

希望所有的员工对那些被人漫不经心踢过而留下脚印的特别多加小心，希望员工们碰到这种货物时以主人翁的精神采取正确的措施；希望员工拥有主人翁的感情，当有电话打来时，对那些难以回答或不太得体的访问，甚至令人反感的要求，尽自己所能礼貌地给予回答。

这些美好的想法都需要管理者站出来领导组织破除那种形式主义的思

想障碍，为员工创造一个重新树立起主人翁责任感的氛围。其实，在管理操作中，创造主人翁精神的最大绊脚石是你的组织中的各种规章、制度，以及一些试行办法之类的组织管理“机器”。

正是这些条条框框的所谓的规章制度手册，严重地限制了员工们在部门中的行为，禁锢了他们的灵魂，像精神桎梏一样窒息着组织中那难能可贵的主人翁精神的发展。

在国际知名的IBM公司组织内部就没有规定什么公司的工作程序，早在20世纪80年代，他们便废止了那些沿袭已久的规章制度的本，废除了报告与报告画圈签字的做法，代之以相互信任、支持。众所周知，IBM是一个无与伦比的组织，它没有工会组织，其内部充满着家庭的气息和民主的氛围。IBM虽然也面临着竞争的压力与市场的挑战，但它的员工都用团结互助的团队精神以及主人翁责任感始终如一支持着这架世界上最大的“商用机器”。如何才能培养员工的主人翁精神呢？一个领袖不妨试着按以下几点做。

1. 从小事上让员工感觉到自己是“自豪的主人”

一位在IBM工作了20余年的老职工的名片是这样的：精致的名片上是一个蓝色镶金边的盾牌，印着烫金的压纹字，那个盾牌是那位老职员25年工龄荣誉徽章的复制图样，上面写着：“国际商用电器公司，长年的忠实服务”。

这并不是什么了不起的大事，但IBM公司却用这种“不引人注意的方式”对职员传递感激之情，实在是“礼轻情义重”。

2. 营造温暖的大家庭

建议你每隔一段时间就举办一次部门的“会餐”，让全体员工和他们的家属自由参加。管理者与员工们无拘无束，享受着彼此喜欢的食物，为各自所创造的业绩相互祝贺。相信这样的活动定会让你与你的员工们更具有“统一感”。

3. 培养人人都是“主管”的感觉

一说起部门的管理者，人们总是要将它冠以“主管”的头衔。仿佛只有他们才是部门命运的驾驭者。这种思维定式严重地限制了广大员工成为部门主人翁的意识，认为部门里的事与我并无太大关系，那是“主管”们的事。

然而，在美国著名的联合航空公司，每一名员工都有一种“人人都是企业家”的思想，他们了解这个公司，了解公司里任何一个操作细节。员工们从来没有“人家什么都不告诉我的感觉”，他们认为既然公司是“自己的”，工作是“自己的”，那么他们没有理由不全身心地为公司的经营绩效而努力，没有理由不自觉地为公司承担义务。

4. 创造宽松的政策

事实上，政策的目的在于表达组织、公司的意图，以概括的方式将部门的思想方针提供给员工。而员工只需彻底地了解部门的想法和理由，便可在受到较少限制的宽松的政策中大刀阔斧地进行工作，充分发挥自己的创造才能。

决胜于中层，让“中间”力量变“中坚”

一、要从细节入手，打造团队精神

作为伟大团队的一分子，每个人都会骄傲地告诉周围的人说：“我喜欢这个团队！我觉得自己活得意义非凡，我永远不会忘记那些大伙儿心心相印，共创未来的经历。”增强团队精神是每位领袖必须做到的，只有强大的团队才能在市场的浪潮中立于不败之地，才能做大公司。没有强大的团队，领袖的工作魅力怎能得到下属的认可呢？

形象地说，一个真正的团体就是一群志同道合的哥们儿。有位领袖胸有成竹地说：“就算你没收我的生财器具，霸占我的土地、厂房，只要留下我的伙伴，我将东山再起，建立起我的新王国。”我们看过一些非凡的领袖，他们好像有天生独特的再生能力，可以在很短的时间内，扭转乾坤，将一群柔弱的羔羊训练成一支如雄狮猛虎般的管理团队，所向披靡。此外，我们还会发现另一个十分可贵的事实：每位成功的公司管理人几乎都拥有一支完美的管理团队。

这些成功的领袖所率领的团队，无论是他的成员、组织气氛、工作默契和所发挥的生产力，和一般性的团队比起来，总是有相当多的不同之处，他们常表现出以下主要特征。

1. 各负其责

成功团队的每一位伙伴都清晰地了解个人所扮演的角色是什么，并知道个人的行动对目标的达成会产生什么样的作用。他们不会刻意逃避责任，不会推诿分内之事，知道在团体中该做些什么。大家在分工共事之际，非常容易建立起彼此的期待和依赖。大伙儿觉得唇舌相依，生死与共，团队的成败荣辱，“我”占着非常重要的分量。

2. 目标明确

成功的管理人往往主张以成果为导向的团队合作，目标在于获得非凡的成就；他们对于自己和群体的目标，永远十分清楚，并且深知在描绘目标和远景的过程中，让每位伙伴共同参与的重要性。因此，成功的管理人会向他的追随者指出明确的方向，他经常和他的成员一起确立团队的目标，并竭尽所能设法使每个人都清楚了解、认同，进而获得他们的承诺、坚持和献身于共同目标之上。

因为，当团队的目标和远景并非由管理人一个人决定，而是由组织内的成员共同合作产生时，就可以使所有的成员有“所有权”的感觉，大家打从心里认定：这是“我们的”目标和远景。

3. 坚持到底

真心地相互依赖、支持是团队合作的基石。李克特曾花了好几年的时间深入研究参与组织这一课题，发现了参与式组织的一项特质：管理阶层信任员工，员工也相信管理者，信心和信任在组织上下到处可见。几乎所有的获胜团队，都全力研究如何培养上下平行间的信任感，并使组织保持旺盛的士气。它们常常表现出四种独特的行为特质。

（1）强化使命感

管理人常向他的伙伴灌输强烈的使命感及共有的价值观，并且不断强化同舟共济，相互扶持的观念。

（2）倡导诚信

鼓励遵守承诺，信用第一。

（3）依赖伙伴

把对伙伴的培养与激励视为最优先的事。

（4）鼓励包容

因为获胜要靠大家协调、互补、合作。

4. 相互倾听

在优秀的团队里，某位成员讲话时，其他成员都会真诚地倾听他说的每一句话。

有位负责人说："我努力塑造成员们相互尊重、倾听其他伙伴表达意见的文化，在我的单位里，我拥有一群心胸开放的伙伴，他们都真心愿意知道其他伙伴的想法。他们展现出其他单位无法相提并论的倾听风度和技巧，真是令人兴奋不已！"

5. 强烈参与

成功团队的成员身上总是散发出挡不住的参与狂热，他们相当积极，相当主动，一逮到机会就参与。通过参与，成员永远会支持他们参与的事物，这时候团队所汇总出来的力量绝对是无法想象的。

6. 畅所欲言

在企业管理中，好的领袖，经常率先信赖自己的伙伴，并支持他们全力以赴，当然他还必须以身作则，在言行之间表现出依赖感，这样才能引发成员间相互信赖、真诚相待。

成功团队的管理人会提供给所有成员双向沟通的舞台。每个人都可以自由自在、公开、诚实地表达自己的观点，不论这个观点看起来多么离谱。因为，他们知道许多有价值的观点，在第一次被提出时几乎都被冷嘲热讽。当然，每个人也可以无拘无束地表达个人的感受，不管是喜怒还是哀乐。

一个高成效的团队成员都能了解并感谢彼此都能够“做真正的自己”。

总之，群策群力，有赖大伙儿保持一种真诚的双向沟通，这样才能使组织日臻完美。

7. 团结互助

在好团队中，经常可以看到下属们自由自在地与上司讨论工作上的问题，并请求：“我目前有这种困难，你能帮我吗?”当大家意见不一致，甚至立场对峙时，都愿意采取开放的心胸，心平气和地谋求解决方案，纵然结果不能令人满意，大家还是能自我调适，满足组织的需求。

当然，每位成员都会视需要自愿调整角色，执行不同的任务。

8. 互相认同

“我觉得受到了别人的赞赏和支持”，这是高成效团队的主要特征之一。团队里的成员对于参与团队的活动感到兴奋不已，因为，每个人会在各种场合里不断听到这话：“我认为你一定可以做到!”

“我要谢谢你！你做得很好!”

“你是我们的灵魂！不能没有你!”

“你是最好的！你是最棒的!”这些赞美、认同的话提供了大家所需要的强心剂，提高了大家的自尊、自信，并驱使大家携手同心。

上面列举的八种特征，在你所带领的团队里有没有明显的迹象呢？请自己找个清静的场所，给自己十分钟的时间好好省思一番。这会有助于你建立一支有效率的管理团队，也就是俗话说的“死党”。许多公司的管理人大声疾呼：“我们越来越迫切需要更多、更有效的团队，来提高我们的士气和生产力。”身为组织管理人的你，必须把建立阵容坚强的团队列为第一优先处理的要务，千万不要再忽视和拖延下去了。

创造一支有效团队，对管理人可说是有百益而无一害的，如果你努力做到的话，你将可以获得以下的好处：

（1）“人多好办事”，团队整体动力可以达成个人无法独立完成的大事；

（2）可以使每位伙伴的技能发挥到极限；

（3）成员有参与感，会自发地努力去做；

（4）促使团队成员的行为达到团队所要求的标准；

（5）提供给追随者足够的发展、学习和尝试的空间；

（6）刺激个人更有创意，更好的表现；

（7）三个臭皮匠胜过一个诸葛亮，能有效解决重大问题；

（8）让冲突所带来的损害降至最低；

（9）设定明确、可行、有共识的个人和团体目标；

（10）管理人与继承人纵使个性不同，也能互相合作和支持；

（11）团队成员遇到困难、挫折时，会互相支持、协助。

请务必牢记在心：一支令人钦羡的团队，往往也是一支常胜军。他们不断打胜仗，不断破纪录，不断创造历史，创造未来。而作为伟大团队的一分子，每个人都会骄傲地告诉周围的人说：“我喜欢这个团队！我觉得自己活得意义非凡，我永远不会忘记那些大伙儿心心相印，共创未来的经历。”

通过在团队里学习、成长，每位伙伴都会不知不觉重塑自我，重新认知每个人跟群体的关系，在工作上和生活上得到真正的欢愉和满足，活出生命的意义。一个真正的团队能让你如虎添翼、临危不惧、所向披靡！

二、要服务于团队执行力，塑造企业竞争力

在日益激烈的竞争中，企业管理者的执行力就是企业的竞争力。要企业更快更好地发展就要提升执行力，以塑造更强的竞争力。只有这样，才能使企业立于不败之地。

提升企业执行力，不只是高层领导者的责任，更是作为管理体系中层的我们的重任。

日常工作的管理中，企业领袖要实施强有力的执行力才能使企业更好地发展进步，但往往事与愿违，企业领袖往往执行力不足，这也导致了企业发展的滞后或缓慢。那么，企业中间层执行力不足有哪些表现呢？它主要包括：第一，权责不明确，职级模糊。有些企业领袖在高级决策层面前说的话拥有相当的分量，使已形成的决策方案发生“自我取舍”现象；第二，虽然具有足够的工作经验和热情，有令人佩服的企业利益立场，但是在执行方案时缺乏应变操控原则的认知和把握；第三，企业领袖尽管是尽心尽力，但由于缺乏实施方案中人事之间清晰的操作界面，体现出领导者的知识匮乏；第四，企业管理流于形式，缺乏真正意义上的对区域各项工作的管理。

具体地来说，表现在以下三个方面：高度：企业的决策方案在执行的过程当中，标准渐渐降低，甚至完全走样，越到后面离原定的标准越远；速度：企业的计划在执行过程当中经常延误，有些工作甚至不了了之，严重影响了计划的执行速度；力度：企业制定的一些政策在执行过程中，力度越来越小，许多工作做得虎头蛇尾，没有成效。

造成企业领袖执行力不足的原因有：第一，企业领袖自身管理知识体系不完整；第二，管理体系内设不科学，直接导致权责不明确，职级模

糊；第三，执行前的准备工作不科学；第四，企业管理中口号大于行动等。原因有很多，要想提升执行力就要一一分析，才能创造提升执行力的条件，为塑造竞争力提供良好氛围。

那么，要塑造竞争力，作为企业领袖该怎么做呢？有什么前提呢？其实，一个企业要想提升执行力，首先要具备以下几个条件。

1. 企业领袖要勇于打造优秀的管理团队

首先，要分析各种管理模式的利弊，选择合适而恰到好处的模式。例如，高度集权的管理模式能够使管理者扁平化沟通，但也容易使管理者之间责任不清、权力不明；民主性较强的管理模式，能够较好地发挥员工的主动性、创造性和积极性，但管理的约束力较弱。

所以，企业领袖必须努力营造出能有效管理执行力的良好氛围，形成具有有效执行力的管理团队。

从客观方面讲，要努力营造一种“团队协作”的整体氛围，应强调工作中的“三办事”原则，即按程序办事、按制度办事、按客观规律办事。另外，还有两个要求：第一，要求执行程序的人要对“事”负责，淡化个人作用，强调遵守同一条规则，直接完成整个工作的全部流程。在这个问题上，团队的核心人物很重要，他本人不能打破已制定的规则和程序，更不能违反客观规律，从而实现有序管理；第二，要求被领导者不要迎合事物发展的态势和个人，而要遵守业务流程，提高管理效率。

从主观方面讲，团队成员都要增强大局观念和整体意识，切忌强调以自我为中心，而应强调以整体利益为先导，当发生不协调时，一定要做到“求同存异”。

其次，还要做到几个明确：明确资历不等于能力，资历深不等于能力执行力。企业领袖应该知道：沟通是提升执行力的前提。通过沟通，群策群力、集思广益可以在执行中分清战略的条条框框，通过自上而下的合力促使企业执行更为顺畅。

企业领袖要加强有效沟通，这样上下级彼此之间才能更准确地了解对方，形成一致的思路和想法，各项工作执行起来才能高效、顺畅。

2. 学会协调的艺术

好的执行往往需要一个企业至少80%的资源投入，而那些执行效率不高的企业资源投入甚至不到20%，在这中间的60%就是差距。这些不单单是书面数据显示的。企业领袖应该知道：协调是提升执行力的手段。一块石头在平时只是一个死物，而从悬崖上掉下时，可以爆发强大的能力。这就是集势，把资源协调调动在战略上，从上到下一个方向，能达到事半功倍的效果。企业领袖要学会协调的艺术，运用好协调这个手段，才能达到这种集势，取得最高的管理境界。而且，还从一个侧面增强了企业整体的竞争力。

3. 注重反馈的效果

执行的好坏要经过反馈的效果来反映。企业领袖应该知道：反馈是提升执行力的重要保障。反馈得来的效果可以用具体而细致的数据来展示，人们从数据形成的曲线中了解执行的结果或偏差等情况，并窥探主客观条件变化引致的发展趋势，从而趋利避害，使有效的执行力真正落到实处！企业领袖要注重反馈的效果，不管是管理工作中的被动反馈，还是主动寻求反馈，都是可以的。只要关注了，就有提升执行力的可能。

4. 落实责任到位

企业的战略应该通过绩效考核来实现，而不仅仅只从单纯的道德上面约束。企业领袖应该知道：责任是提升执行力的关键所在。从客观上形成一种阳光下进行的奖惩制度，才不会使执行做无用功。从主要业绩、行为态度、能力表现等主客观方面来评价个体执行能力，并细化奖惩措施，进行奖金、薪资调整，储备人才培养，等等，同时实行一定比率淘汰制，从而更好地提升执行力。

企业领袖要把责任落实到具体的员工，不但权力下放，而且责任也分摊，这样就使得基层员工更有效地执行各项工作任务。自然执行力就会得到更好的提升。

作为贯彻上级意图、完成预定目标的一种操作能力，执行力已成为现代企业竞争力的核心。当执行力得到最大限度发挥时，企业就一定能创造并实现不断发展、壮大的目标。简言之，提升执行力就是塑造竞争力。从上面的分析来看，这对于企业领袖而言真称得上是一项艰巨而烦琐的工程。

三、带领好中层管理者，服务于中层

中层管理者是依靠知识、经验和信息创造价值的人才。企业要成为优秀的、具有竞争力的企业，必须拥有一支善于管理、能胜任重任的中层管理者团队。企业领袖要最大限度地利用中层管理者拥有的知识、经验，促进组织目标的实现，必须充分地了解自己的中层管理者，并且在工作中善待他们。在有些企业中，领导对员工的管理主要强调控制与服从。中层管理者的自身特点决定了企业领袖不能运用传统的管理方式来对待他们，主要应从以下几个方面着手。

1. 重视他们的个体成长和职业生涯的发展

在知识经济时代，人才的竞争将更加激烈，所以，人力资源管理的一项重要任务就是要吸引和留住优秀人才。然而，较强的流动性又与此相悖。由此，中层管理者需更加注重个体的成长而非组织目标的需要。领袖首先应该注重对中层管理者人力资本投入，健全人才培养机制，为其提供受教育和不断提高自身技能的机会，使其具备一种终生就业的能力。

中层管理者对知识、个体和事业的成长不懈地追求，往往超过了他们对组织目标实现的追求，当其感到自己仅仅是企业的一个高级打工者时，就很难形成对企业的绝对忠诚。因此，企业不仅要为中层管理者提供一份与其贡献相称的报酬，使其能够分享到自己所创造的财富，更要充分了解中层管理者的个人要求和职业发展意愿，为其提供适合其要求的上升环境。只有当中层管理者能够清楚地看到自己在企业中的发展前途时，他才有信心为企业尽心尽力地贡献自己的力量，与组织结成长期合作、荣辱与共的伙伴关系。

2. 强调以人为本，实行亲情化管理

中层管理者具有较强的获取知识、信息，以及处理、应用知识和信息的能力，这些能力提高了他们的主观能动性，因而做事情常常不按常规。和这些人交往时，传统的官僚管理作风只会碰壁，因此领袖需对中层管理者实行特殊的宽松管理，尽量顺应人性、尊重人格，激励其主动献身与创新的精神；建立一种善于倾听而不是充满说教的气氛，使信息能够真正有效地得到多渠道传播，也使中层管理者能够积极地参与决策，而非被动地接受指令。

3. 把他们当做企业资产而不是成本

一个具有专业知识的中层管理人才与非专业中层管理人才最大的不同是后者没有自己的生产资料。一个经验丰富的中层管理者，只有被人雇用，为之提供生产资料，才能有他们的用武之地。但知识型中层管理人员则不同，他们拥有“生产资料”，即他们头脑里的知识。正因如此，他们的流动性就比较大；他们中的相当一部分人可以一生专注于自己的专业，但不一定忠于一个企业。如果他们在一个地方只能发挥50%的知识资源与聪明才智，那他们就会带着知识流动到能发挥自身70%能力的地方去。此外，非专业中层管理人员从经济学上来说属于成本，而成本是要加以控制和尽可能降低的，所以人员减少才能提高效益。但知识型中层管理者却不是成本而是资产。对资产不是加以降低，而是应使之增值。但资产只有通过流通、运作才能增值。同样，知识型中层管理人员也只有恰当地加以使用，才能使之创造价值，创造财富。因此，面对人才争夺战的新形势，领袖大有必要一改以往依靠行政命令与灌输方式的用人之道，而应学会平等地与人沟通、交心，并以尊重、爱护、理解的心态去对待中层管理者。

4. 加强培训与教育

由于科技发展呈现高速化、多元化，知识与财富成正比例增长，知识很快就会过时，只有不断更新自己的知识才可能获得更大的收入。因此中层管理者大多非常看重企业是否能提供知识增长的机会。如果一个企业只提供其使用知识的机会，而不提供其增长知识的机会，就会失去他们。企业不可能保证中层管理者永远就业，当然也就不能指望中层管理者对企业永远忠诚。同时，大多数高素质的中层管理者更希望通过工作得到发展和提高。例如，企业举办各种培训，能在一定程度上满足中层管理者的这一需求。因此，企业应该注重健全人才培养机制，为中层管理者提供受教育和不断提高自身技能的学习机会，使其具备适应本企业工作要求的能力。

5. 去除一切栅栏，使其可以独立自主

由于中层管理者更多地从事思维性工作，固定的工作场所和工作时间会限制他们的发挥。为了鼓励知识型中层管理者进行创新性活动，企业应该建立一种宽松的工作环境，使他们能够在既定的目标和自我考核的体系框架下，自主地完成任务，而不是为其设置条条框框，限制他们的发展。

6. 把他们当做伙伴而非上下级

在知识经济时代，一个拥有专业知识的中层管理人才与非专业中层管理人才相比，他们对自己的业务比他们的上级或同事更熟悉，因此在与这些人相处时，不应是上下级关系，而应是合作伙伴关系；不是通过发号施令，指挥他该干什么和怎么去干，而是要通过沟通、协商、引导，了解他们的价值观，以及他们对事业的理想，以便为他们创造一个有利于调动他们积极性的机制和环境，使之能自觉自愿地发挥他们的聪明才智。

四、领袖领导力决定团队执行力

在企业的经营管理中，领袖是一个企业的核心。不管是在企业的经营层面，还是管理层面上，领袖都起到了中流砥柱的作用。领袖的领导力往往决定着公司团队的执行力。

世界著名组织行为学大师、领导力大师保罗·赫塞曾经说过：“成功企业的经验和研究结论表明，‘执行力’问题就是‘领导力’问题!”赫塞大师的话一语道破了执行力的实质。

其实，团队执行力来源于企业领袖的领导力。优秀的企业领导者不仅要有强大的执行力，还要能够培养出像自身一样的执行人才。杰克·韦尔奇曾经说过：“如果我们想让员工成长，就应该去增加他们的自信心，赋予他们更多的责任。如果我们能将他们最好的想法加以利用，我们就有了赢得竞争的机会。”这句话也就是说，优秀的企业领导者应该像一个火车头，把自己与下属的每一次会面都看成一次指导的机会，把每一件托付给下属的事都当做锻炼下属的机会，把下属的每一次进步都当做自己的进步。而且作为明智的领袖要明确地知道这样一个道理：下属就是你的“替身”，他的能力越强表明你的能力就越强，你的执行力越强。

对于一个企业领袖来讲，在企业管理中要启发下属认识到自身角色的重要性，告诉下属工作的目的是什么，让下属知道你对他的期望，及时告诉下属他做得如何。只有这样，你的各项工作才能顺利进行。作为企业的领袖，如果下属从你的身上感受到了坚定的力量，他们必然会信任你，那么，你的态度就必然会影响到他人的态度；相反，如果领导者被畏难情绪所左右，连正常的能力都发挥不出来，那么执行过程的“腰”就软了。同时，企业领导者必须是团队成员和教练，必须能够激励、赞美别人，充当好教练的角色。

具体而言，一个优秀的企业领导者必须具备以下执行能力。

1. 指挥能力

作为企业的领导者，无论你的计划如何周到，如果下属不能有效地加以执行，仍然无法产生预期的效果。为了使下属有共同的方向可以执行制订的计划，适当的指挥是有必要而且有效的。指挥下属时，首先要考量工作分配，既要检测下属与工作的对应关系，也要考虑指挥的方式，语气不好或是目标不明确，就是不好的指挥。而好的指挥可以激发下属的意愿，而且能够提升其责任感与使命感。作为优秀的企业领导者，要明确地了解：指挥的最高境界是下属能够自我指挥。

2. 计划能力

中层管理者在执行任何任务时，都要制订计划，把各项任务按照轻重缓急列出计划表，一一分配下属来承担，自己只把握大局势就可以了。你还要把眼光放在部门未来的发展上，要时刻明确自己未来一天、一周、一月以及一年，甚至更长远的计划。在计划的实施及检讨时，要预先掌握关键性问题，不能因琐碎的工作，而影响了应该做的重要工作。作为优秀的管理者，要明确地了解：做好20%的重要工作，等于创造80%的业绩。

3. 控制能力

控制就是追踪考核，确保目标可以达到、计划能够落实。虽然谈到控制会令人产生不舒服的感觉，然而企业的经营有其十分现实的一面，有些事情不及时加以控制，就会给企业造成直接与间接的损失。但是，控制若操之过急或是控制力度不足，同样会产生反作用。控制过于严格，会使下属口服心不服；控制力度不足，则可能导致工作纪律也难以维持。作为优秀的中层管理者，要明确地了解：最理想的控制，就是让下属通过目标管理方式实现自我控制。

4. 判断能力

企业经营错综复杂，常常需要主管去了解事情的来龙去脉因果关系，从而找到问题的真正症结所在，并提出解决方案。这就需要中层管理者具备非凡的判断能力，能够洞察先机，未雨绸缪。优秀的企业管理者要明确地了解：只有时刻具有敏锐的洞察力、过人的判断力和非凡的执行力，才能先发制人，化危机为转机，最后变成良机。

5. 授权能力

任何人的能力都是有限的，企业的核心领袖作为不能像业务员那样事事亲力亲为，而要明确自己的职责就是培养下属共同成长，给自己机会，更要为下属的成长创造机会。孤家寡人是成就不了事业的。下属是自己的一面镜子，也是延伸自己智力和能力的载体，要赋予下属责、权、利，下属才会有做事的责任感和成就感。

优秀的企业管理者要明确地了解：一个部门的人琢磨事，肯定胜过自己一个脑袋琢磨事。这样下属得到了激励，你自己又可以放开手脚做重要的事，何乐而不为呢？要知道，帮助下属成功，就是帮助自己成功。

6. 创新能力

要提高执行力，除了要具备以上能力外，更重要的是在任何时候都要有强烈的创新意识。因为，创新是衡量一个人、一个企业是否具有核心竞争能力的重要标志。这就需要企业领袖不断地学习。

因此，企业领袖做任何一件事都应该认真想一想，有没有创新的方法使执行的力度更大、速度更快、效果更好。不论是对于企业领导者来讲还是企业来讲，创新是没有限度的，只有创新，才能生存。

从以上几方面不难看出，执行的过程其实就是领导的过程。说到底，团队执行力就是领袖的领导力。作为企业的带头人，你只要做好了领导指挥好下属，就可以提高你的领导力，也就可以相应地提高你的团队执行力了。

五、用领导力调动并激活员工工作的主动性和创造性

激发员工的主动性与创造性是企业领袖的一个重要的职责。领袖往往具有超强的领导力，他们善于统领团队，协调员工，激发员工的工作热情及战斗力。而怎么去调动员工的主动性和创造性，就需要领袖的领导艺术了。这也主要体现在领导力在创建企业机制上的运用。

领袖行使自己的领导力的时候首先一定给员工制定出好的制度，建立一个能激发员工主动性和创造性的制度氛围。领袖在企业制度的构建中要充分考虑一个问题，即如何将制度的设计目标与执行者的切身利益最大限度地联系在一起。须知：无论是社会公共管理还是企业管理，都离不开一个环节，那就是制度设计和制度创新。这一环节抓得好，管理绩效方面将会事半功倍。否则不仅事倍功半，甚至吃力不讨好。先看下面两个故事：

在17~18世纪，英国的许多犯人被遣送到澳大利亚流放服刑，私营船主接受政府的委托承担运送犯人的任务。刚开始，英国政府按上船时犯人的人数给船主付费。船主为了牟取暴利，克扣犯人的食物，甚至把犯人活活扔下海，运输途中犯人的死亡率最高时达到94%。后来，英国政府改变了付款的方式，按活着到达澳大利亚下船的犯人人数付费。结果，船主们一改以往的做法，想尽办法让更多的犯人活着到达目的地，饿了给饭吃，渴了给水喝，大多数船主甚至聘请了随船医生。犯人的死亡率最低降到1%。船主还是那些船主，为什么他们一开始刁奸耍滑，后来又变得仁慈了呢？并非他们的本性有什么变化，而是规则的改变导致他们的行为发生了变化。设想一下，假如进一步规定：在到岸港口验收时任何一个犯人必须身体健康，体重下降者不列入政府付费范围。相信船主们在途中一定更会将犯人们照顾得“无微不至”，更加极尽“人道主义”之责任。

这就是制度创新的魅力所在。

另一个是发生在第二次世界大战中期美国空军和降落伞制造商之间的真实故事。当时，降落伞的安全性能不好。在厂商的努力下，合格率逐步提升到99.9%，而军方要求降落伞的合格率必须达到100%。对此，厂商不以为然。他们认为，能够达到这个程度已接近完美，没有必要再改进。他们一再强调，任何产品也不可能达到绝对的100%

合格，除非奇迹出现。不妨想想，99.9%的合格率，就意味着每一千个伞兵中，会有一个人因为产品质量问题在跳伞中送命，这显然会影响伞兵们战前的士气。

后来，军方改变了检查产品质量的方法，决定从厂商前一周交货的降落伞中随机挑出一个，让厂商的领导人装备上身后，亲自从飞机上跳下。这个方法实施后，奇迹出现了，合格率立刻变成了100%。一开始厂商们还老是强调难处，为什么后来制度一改厂商们再也不讨价还价，乖乖地绞尽脑汁提高产品质量呢？主要原因在于前一种制度没有最大限度地涉及厂商们的自身利益，以致厂商们对千分之一的不合格率没有切身感受，甚至认为这是正常的，对伞兵们每一千人必死一个的现象表现漠然。后来制度一改让企业领袖自己先当一回“伞兵”，先体验一下这“千分之一”的感受，结果奇迹产生了。

最大限度地调动员工积极性，最终实现企业经济发展与人力资源开发的双丰收。在企业的运作中，人是企业管理所有要素中唯一具有主观能动性和创造性的因素，要想最大限度地激活人力资源链条，领袖首先必须完善制度，制定一个有效的机制。同样，这也需要企业领袖更好地构建领袖力。而这些主要从以下几个方面着手：

1. 建立规范的员工绩效考评技能测评体系和奖励制度

（1）必须以被考核人具体业务工作为基础

在考核的时候，必须摒弃不健康的个人感情色彩，允许被考核人进行自我评价和申诉。因为工作性质的差异，有些工作难以用量化的标准进行考核。作为企业的高层领导就必须以被考核人所做的具体工作为根本进行科学考核，切莫以个人感情为依据，造成说你行你就行，不行也行；说你不行就不行，行也不行的恶劣风气，以免打击员工的工作积极性。

（2）绩效考核应有明确、统一、固定的评价标准

也就是说，参与测评的人要在一个公开、公平、公正、统一的标准环

境中参加考核，只有这样的考核才具有实际意义。

(3) 考核应有连续性，并将考核结果与必要的奖惩挂钩

考核本身并不是任务的终结，通过考核既摸清了员工的现有技能水平，又可以为企业领导提供奖励依据，这就要求一方面考核应具有连续性，只有这样，企业内部的良性竞争机制才能建立起来。另一方面，各级管理人员应该不失时机地对考核中的优胜者给予必要的物质奖励，借以激发其继续保持优势的热忱。激励也是现代企业人力资源管理的核心，人力资源的潜能在一定程度上依赖于激励的力度。企业在人才引进、使用中要积极研究个人需求和制度对个人需求满足感的影响以及能产生各种激励作用的机制。制定人才队伍收入待遇及其岗位责任和业绩、贡献挂钩的原则，实行按岗位、按任务、按业绩付酬的分配制度，鼓励技术、管理等生产要素参与收益分配。

2. 培训开发员工的主动性与创造性

实施培训与开发的目的就是提高工作绩效水平和员工的工作能力，增强组织或个人的应变和适应能力，提高和增强企业员工对企业的认同和归属感。为了达到对不同员工的不同培训目标，企业对员工培训必须进行培训需求分析，通过分析明确每项工作所要求的能力、素质和技能水平。从员工的角度进行同样的分析是用以考察员工是否达到了这些要求，以及其能力、素质和技能达到了什么样的水平，并由此决定对培训的需求状况。对员工的能力、素质和技能加以分析不仅仅是为了满足当前工作的需要，也是为了满足组织发展的未来需要。

人力资源的管理实际上是企业的发展动力管理，其核心的管理行为包括人力资源的获取、激励、组织与发展四个部分。领袖的作用在于用自己的领导力构建企业的激励制度。领袖有力地构建企业发展机制，能使企业的人力资源管理和企业管理不断得到升华，创造一个适合吸引人才、培养人才的良好环境，进而促进企业高速发展。

领袖要懂得放权，用人不疑，疑人不用

一、优秀的领袖正确选择属下，做到用人不疑

领袖“开疆拓土”，不断壮大发展自己的事业，随着事业越来越大，不可能事必躬亲，这时需要委托自己信得过的人来协助或代为自己去处理。然而，怎样的人才算是靠得住、信得过？

这里靠得住包含两个内容：一是他是否胜任，是否有能力承担这项任务，是否有能力代为领袖处理这样的事；二是这个人是否品德有保障，是否对领袖忠心耿耿，是否愿意为领袖出力、卖命、排忧解难。这里涉及一个对人才选择的标准，到底是品德优先，还是能力优先？

当然，所有领袖都希望自己选择的人是德才兼备之人，毕竟谁都想“鱼和熊掌”兼得，但万一“鱼和熊掌不能兼得”时，领袖该如何做决断？

三国时期，一代枭雄曹操首先提出了选才标准：唯才是举。他曾经多次下令，公开向全国求贤。他针对东汉选官的积弊，以无畏的胆略，把“德行”“名节”“门第”等迂腐无用的选才标准摒弃，提出了“唯才是举”的选人标准，极具个性。他要求各级官吏，要不拘微贱，不拘品行，勿废偏短，把那些具有真才实学的人统统推荐上来。

曹操实践了他对人才的重视和爱惜，把人无完人、慎无苛求的思想，才重一技、用其所长的思想，只用人才、不用庸才的思想推向顶峰。应该说，曹操更注重“才”。而现在一般把人分为四等，依次为：有德有才、有德无才、无德有才、无德无才。这个标准却体现了中国传统的“德本才

末”的观点。

换句话说：“可靠比有能力更要紧。”这两种观点的侧重点截然不同，领袖一般更重视“德”，尤其是其选择下属时，更加注重“德”，即看他是否忠诚，若是不忠，不管他有无能力，他也不能给你帮什么忙，甚至会帮倒忙。因此领袖应更注重“德”方面的因素。实际上，这与曹操的唯才是举并无多大矛盾，因为曹操按他的标准看来，有严重“品质”问题，比如坚决反对他的祢衡、孔融等人，他是绝不姑息。

要培养得力下属，就必须坚守三大原则。大凡领袖选择下属，喜欢在“同乡”“同学”“同宗”“同门”“过去老同事”等“同”字辈选择，结果多半为“同”所害，不能不谨慎处理。选择下属知己不应拘泥于“同”字辈。如果非要有个“同”字，则应该以“同心”为首要条件。而“同心”则应在工作中自然培养。领袖培养下属必须坚守以下三大原则：

1. 以心换心，真诚相待

领袖对下属应该以诚相待，真心相通。领袖和下属之间的关系应该是愿打愿挨，毫不勉强。正如俗话所说：姜太公钓鱼，愿者上钩，且“强扭的瓜不甜”。论语说：“君子和而不同。”领袖和下属要“和”却未必皆“同”。“和”是指“真情”，而“同”为“利害”。领袖若凡事从“情”出发，拿“真心”换下属的“真心”，那他们将会与领袖同心同德，不会心怀杂念，不做逾越本分的事情。总之领袖若能与其员工同甘共苦，则下属自然也以“公天下”为重。

2. 坚决贯彻“所爱者，有罪必罚”

领袖平日和下属在一起，要把握自己的主张。在向他们解释自己的见解时，态度要诚恳，语气要婉转，要充分向他们说明，同他们讨论，使他们了解自己的意图。

领袖在与下属相处中应正面告知他们自己不会姑息纵容他们，表达自己信赏必罚的决心。也可以向他们讲述“诸葛亮挥泪斩马谡”的故事：

马谡是孔明好友马良的弟弟，孔明派他守街亭，一再指示他要固守。年轻气盛的马谡则在山上设阵，企图击败魏军。结果反遭魏军包围，以致街亭失守，牵动全局，使蜀军不得不退到汉中。孔明追究战败责任，把马谡依军法判处死罪。将领们纷纷求情，孔明固然于心不忍，却终究毅然决然挥泪斩马谡。

历史上为守法度“大义灭亲”的何止诸葛亮一个。连汉武帝也“大义杀婿”。女婿乃是自己的半个儿子，何况他又是汉武帝的亲外甥，但汉武帝聪明决断，善于用人，执法严厉，毫不容情，决不姑息骄纵肆横，以“杀一儆百”，使其他下属不敢骄纵。领袖们也应该清楚，即使是下属，也要有罪必罚。一方面令大家信服，另一方面对下属也是一种约束。据自律，彼此都有好处。

3. 坚持“严守上下分寸”

无论是对国家还是对企业来说，上下之间也有尊卑之分，有命令或服从的关系。领袖一定要和下属间把握好这个界限，不可越此一步。三国时，曹操以勇猛过人的典韦、许褚为贴身的保镖。有一次曹操酒醉卧床，许褚仗剑守卫门外，曹仁欲入，却被许褚挡住。曹仁自恃曹氏宗族，大发脾气，许褚毫不相让，驳斥道：“将军虽亲，乃外藩镇守之官，许褚虽疏，现充内侍。主公醉卧营上，不敢放人。”

许褚说的没错，不管是什么下属，总有自己应该坚守的本分，有自己必须遵循的规矩，“无规矩，难成方圆”。曹操知道后，大大赞扬了许褚一番。

企业领导者应该清楚，下属倘若不能安守本分，就会滥用职权，收揽民心，达到目无法纪的地步，再来挽救，往往已经太迟了。严守上下分寸，保留重大事项的最后裁决权，乃是维护下属在既定范围内不失责也不越轨的根本办法。

二、培植心腹，服务于企业能人构建

作为一个企业领袖，应该赋予心腹真正的责任、新的挑战，并且暗示他们在处理新问题时会遭遇到哪些危险与困难，接下来看看他们想出来的解决之道，你会感到非常惊讶。

身为企业领袖，你可以环顾四周，看看员工是否拥有类似的特质，最好的方法是从你的办公桌后面冷眼旁观他们工作的样子。例如：他们与同人、顾客、上司、下属共事时，显现何种专业特长？在压力之下，或是工作脱离原先计划的轨道时，他们所表现的领袖特质又是什么？他们所展现的哪些特质和你自己的领导风格最相似？或者，他们的行事与你的风格有何不同？你能够在两者之间找到彼此吻合的交集吗？如果你觉得自己已经找到一位或多位适合的心腹人选，接下来就把他们请进你的办公室，和他们讨论你的想法和计划，看看他们是否有同感。有些人喜欢有保障、安逸性质的工作，无意往上爬；另一些人对改变的态度比较开放，当你对他们解释你的计划时，马上就显得跃跃欲试。你的选择过程应该保持非正式的基调，目的是言谈之间透露这样的信息：我观察你的工作已经有一段时间了，我认为你拥有的一些实力显示你可能做个出色的领袖。我愿意帮助你，反过来，我也能从你这里获得一些帮助。

获得你青睐的入选者应该立即展开学习，基于你对自己工作的了解，必须清楚他在哪一个部分最需要帮忙，哪些工作又是最容易示范领导力的领域，还有这位入选者发展必要技巧时，最需要下工夫和他人协助的地方又在哪里。

在整个调教过程中，你可以很正式，也可以采取轻松的做法，时间长短任你决定，要深入细节或是抓住大原则，也都由你视情况而定。记住，你不是在举办一场比赛，看谁最先跑到终点，反之，你的任务是集合人员展开长途旅程，并在旅途中不断提供支援；对你的心腹来说，也是一样的意义。

也许你很忙，调教左右手所能做的毕竟有限，有时候你必须给员工更多自由，任由他们去工作。如果他们碰到问题，或是他们够敏锐的话，就会回来找你帮忙。你应该赋予心腹真正的责任、新的挑战，并且暗示他们在处理新问题时会遭遇到哪些危险与困难，接下来看看他们想出来的解决之道，你会感到非常惊讶。

有朝一日，这些员工回顾今天的情况，同时发现他们已经不需要向你求助能解决问题时，表示他们已领略到了这项领导技巧。切记，当你第一次授权给心腹时，不能寄希望一定会成功。你不可以轻率地决定："好吧，既然第一次交给他一项大计划他就搞砸了，我们还是先喊暂停，检讨一番再说。"事实上，从错误中学习是无价之宝，在学习过程中最重要的是这个员工有没有从犯错中汲取教训，这意味着你身为上司和考察业绩的人，必须花长一点时间，才能得到最恰当的结论。

三、领袖应服务于企业高管建设

有史以来，高管人员的"接班"问题都是一个大问题。很多企业领导者在培养高管人员的接班人上无计可施。其实，培养接班人也非登蜀道那般艰难，关键是掌握、培养接班人的技巧。

在各企业里，许多中层管理人员都是从技术骨干提拔上来的。根据重视人际关系及重视生产力的程度，可把他们分为五种类型，分别为：放任型、温情型、专制型、中庸型、综合型。

针对每位管理者的特点，除综合型管理者外可对其他四种类型的管理者采取不同的训练方式。

1. 对放任型管理者的训练

放任型管理者的最大特点是，对工作和人际关系漠不关心、毫不在意。加强这类管理者的责任心是训练的重点。可采取以下措施。

（1）增加其汇报工作的频率，并重点汇报下属的工作表现和思想动态。

（2）适当向其下放权力，增强他的职权，促使其增强责任心。

（3）与其进行单独管理沟通，讨论如何加强责任心的问题。

（4）促使其每周主持召开部门例会，由下属向他汇报工作，并由他给下属安排工作。

2. 对温情型管理者的训练

温情型管理者的最大特点是，能够与大家和睦相处，在工作上注意与下属和平共处，但对工作业绩却不用心。可以采取如下措施。

（1）与其进行单独管理沟通，讨论如何提高部门业绩问题。

（2）要经常抽查该部门的工作进度。

（3）在对其布置工作时，要着重强调该项工作的重要性及完不成任务对公司的影响等，并让其做出详细的工作计划。

（4）发现他的下属存在的问题，责令他对下属进行批评教育，以改变他在下属面前“老好人”的形象。

3. 对专制型管理者的训练

专制型管理者的最大特点是，“除了工作还是工作”，对下属严格管理，缺乏与下属的友善交往。可以采取如下措施。

（1）与其进行单独管理沟通，讨论如何与下属交往和沟通问题。

（2）当下属生病时，提醒他向下属表示慰问。

（3）在让他汇报工作时，重点汇报他的下属的思想动态。

（4）以目标管理的方式进行管理，较少干预他的工作过程。

4. 对中庸型管理者的训练

中庸型管理者较其他三种类型的管理者更为称职。他既能够完成工作，也能够与下属保持良好的关系。其最大缺点是工作没有创造性。可以采取如下措施。

（1）与其进行单独沟通，讨论如何向上级提出工作改进建议。

（2）应经常平等地与其讨论工作中的问题，鼓励他大胆地提出自己的见解。

（3）以目标管理的方式进行管理，较少干预他的工作过程。

（4）对他的合理建议要积极采纳，并及时进行表态。

在培养与教育高管人员的接班人的过程中，并不是一帆风顺的。因此，日本产业训练协会在培养接班人训练（MTP）的课程中，提出管理者自我核对八大项目，以作为培育高管人员的参考检核表，唯有排除此方面的盲点，才能使培育下属能力的工作得以落实。

（1）领袖的工作一定很忙碌，总认为工作太忙，无法离开工作岗位，是件很光荣的事，表明自己能力受肯定，无人可以顶替。

（2）管理者要现身于工作现场，工作才可以顺利进行，企业的领袖没有在生产现场，主管们就会不知所措、毫无方向感。

（3）工作忙碌，所以没时间培育管理人才。这是很好的理由吗？事实上，领袖的忙与盲是把职场问题点隐藏化，而非资讯公开化，以盲点造成工作职场事务的不顺畅。

（4）不培育高级管理人员，以免威胁到本身的地位。事实上这种思维模式，只会造成本身职位的岌岌可危。

（5）企业的领袖凡事必须躬亲，若不能如此，任何工作都不能顺利进行。由于这种固定观念作祟，不但造成企业的领袖过度劳累，事务的进展也事倍功半。

（6）太看重某人，会受到其他下属的嫉妒，甚至会使其他下属对企业领导者产生反感，认为企业领导者偏心。这种想法真的难以避免吗？只要做到公开、公平、公正三原则，相信下属会更尊重你的大公无私的品格。

（7）培育高级管理人员表示授权给他，认为会造成其他下属职权的缩减，或甚至会形成对企业领导者权利的侵犯，其实，持这种平等观念而造成的损失，不只是对可用之才，也可能影响公司未来整体的发展。只要能按照职位说明书的工作资格要求（如技能、知识、态度要素），对下属现有能力状况加以评估，针对个人的需要，确切掌握应行的要点，即能达到教育效果。

（8）现场就有优秀人才，所以不用再作培育。这是一个好办法吗？培育高级管理人员是长期性、有计划的培育，需制定培育管理人才的方针，掌握培育要点，进而做计划的实施与成果的评价，再予以追踪辅导和指导。若是不循正途，而是采取一种临时抱佛脚的教育方式，培育计划将毫无成功可言。

培育下属管理才能的目的在于使他体验工作的责任感与使命感，使他能够了解企业组织体系内的各项工作和事务，使部属能够自行判断，而不用每次向企业领导者请教“要怎么样”“如何做”，培养下属的指导才能。而最重要的是使管理者在培育下属时，能否在心底经常保持着“善意、气魄及努力”的宽广心胸，并展现在各种指导活动中，这是管理者日常管理活动中最重要的一环。

领袖是员工梦想的实践者

一、服务于企业人才的职业梦想

作为一名企业领袖，要学会帮助手下的那些能人规划职业生涯，用光明的前景感召他们，进而调动他们的工作积极性。“流水不腐，户枢不蠹”，优秀人才的进步来自不断的学习，而这种学习不是盲目的，只有企业领袖根据企业的发展来帮助他们制订个人的职业发展计划后，这种学习才能有的放矢，从而使他们在以后的工作中前途光明。这就要求领袖在帮助能人进行职业生涯规划时，要先了解他们任务完成情况、能力状况、需求、愿望，设身处地地帮助他们分析现状，设定未来发展的目标。如果企业领袖缺少对手下能人职业生涯的管理，许多优秀的人才会感到自己就像象棋中的“卒子”一样，不知道下一步该走向哪里。

一般情况下，企业领袖要为优秀下属的职业发展计划提供下列条件：在人力资源信息系统中建立职业生涯发展期望的资料；建立下属发展奖励体系；可能的职业发展道路的准确信息；对员工的职业兴趣资料要随时更新；对他们在各种职业发展道路上的潜力评估进行及时反馈；提供机会进行有效的自我评估；提供发展机会和项目；开放评估中心；建立有广泛基础的职位公告制度；提供职业生涯咨询；将企业的战略计划、人力资源计划和职业生涯发展计划结合起来。

通常，企业领导人首先要对手下那些能人所拥有的技能、兴趣及价值观进行评估后，再根据公司情况对他们进行职业规划，这样才会有助于他们和公司的共同成长。许多日本企业领袖十分重视帮助自己手下能人制订职业发展计划。

日本东电工株式会社实行一般职称系列、综合职称系列和职称体系并行的三线型人事管理制度，把各种能人分属三个不同的职称系列。一般职称系列职务晋升较慢，实行年功制；综合职称系列职务晋升较快，实行功绩制；职称体系分管理职称、专业技术职称、专任职称三个分支。新进企业的能人多归入一般系列，升到一般职称系列的最高级别之后，有的能人可转入综合职称系列；升至综合职称系列的最高级别之后，有的能人还可转入职称体系。

量体裁衣式的职业发展计划对能人来说是人人通过努力都能实现的目标，对企业来讲是以能人带动广大员工的进步，进而达到带动企业发展的目的，它改变了上传下达的被动局面，能全面开发员工潜能，使之自觉为企业发展而拼搏。

作为一名优秀的企业领袖，在为手下能人制订职业生涯计划时，也要注意运用正确的方法。具体方法如下。

1. 协助人才树立职业目标

企业领袖应当培训能人自我评价的技能和提供建立职业生涯目标的必要信息。企业领袖可以定期举行能人职业生涯研讨会，聘请职业咨询领域的专家介绍评价自我兴趣、价值、技能、优点、缺点等方法、技巧和工具，或者请成功人士介绍经验。

这些都是为了帮助能人们评价自己的特性和价值观，使他们的职业生涯的定向更加清晰，并从中发现他们愿意长期从事的工作和心中的职业生涯路径。另外，能人们的个人职业生涯目标必须与企业的实际相结合，只有这样，个人职业生涯目标的实现才具基础。能人们可以从企业远景、人力资源规划等方面收集必要的信息；相应地，企业也应该对员工获得相关信息提供支持。

2. 把人才职业生涯发展作为一项激励全体员工的方略

如果企业把能人职业生涯发展作为一项激励全体员工的策略，它必须由企业领袖驱动并和组织的文化相融合。这意味着企业领袖应当提倡员工职业生涯发展的利益，对各层次的能人必须根据预先设立的员工职业生涯发展目标提供可以利用的资源，如培训、晋升、轮岗、工作业绩、成功完成任务所欠缺的技能等评价信息。

如果这些活动成为各层次的能人的职责，并且成为其绩效考核的内容，企业就能够真正做到保障广大员工的职业生涯发展，让能人们摆脱后顾之忧，全力以赴为自己、为企业打拼。

二、鼓励和扶持员工的创造力，服务于企业创造力培养

富有创造力的人若要全心投入工作，就必须对所从事的研究项目满怀

兴趣。所以，你必须使员工对所从事的工作保持浓厚的兴趣，否则，他们会丧失动力，也就不能发挥本身的潜力。

确保所有从事某个研究项目的人——不管他们参与整个项目还只是其中一小部分，均目睹工作圆满完成。他们需要分享工作完成后的轻松感，以及圆满完成工作的成就感。

一家医疗公司的科研部门的领导者要求他的研究人员与顾客之间存有紧密的联系。这不仅是他们了解顾客的需要，而且当他们研发出一种成功的产品时，也可使他们领略到这份成功的喜悦。

另一位高管却是要求他的研究人员同时从事短期、中期和长期的研究项目。这样，他们就能不断体会到完成工作后的成就感。当某人提出一个不俗的研究设想时，便应委以重任和给予资源以完成这项工作。委任革新者不仅能激发他的工作能力，并能证明他能否承担更重要的责任。

大部分富有创造力的人往往通过自己的信仰方式获得成就感和满足感。但别人赏识他们完成的工作也同样重要。对于管理人员而言，若要以非正式形式经常赞赏员工的工作，最有效的方法之一就是经常深入基层。这有两项好处：第一，它能使你了解每项工作的进度及所出现的问题，以避免意外的重大损失；第二，它使你有机会向你的员工反馈。

当你到各个办公室巡视时，要多说些鼓励性的话。告诉其他员工某组同僚的工作的重要性，要尝试每天称赞不同的员工。这些措施对激发员工的积极性和生产率，往往有令人惊讶的影响。

富有创造力的人需要一个不拘形式的工作环境，以便自由地彼此闲谈某个概念或问题。他们同时需要避开存在各个部门或办公室的骚扰。大部分人都需要有私人的，或至少私人的工作环境。

革新者的创意价值是难以计算的，因此他们常常比其他部门的员工获得较少的加薪和奖金。但富有创造力的人需要感到他们及所从事的工作与别人的具有同样价值。作为他们的管理者，你应竭尽所能为他们争取津贴和福利。一旦有人提出创新的理念时，就应从该创新事物为公司赚取的利润中，提取一部分奖励他。从长远来看，这种政策具有极大的激励作用。

富有创造性的工作往往需要每周工作很长的时间。在这段期间，灵活的出席时间是非常重要的。如果你的处理手法欠缺灵活，就有可能毁掉你最重要的资产。你应谨记：合作是双向的，如果稍有延迟就对他们加以制裁，那么下次当你需要他们在限期内完成任务时，他们可能会拒绝超时工作。

一些富有创造力，甚至是具有超凡创造力的人，往往并没有充分发挥他们的潜力。根据无数研究的结果所得，大部分人一般只发挥了自身20%～30%的能力。但若能激发他们的工作热忱和动力，就能发挥其70%～90%的潜力。由于不少员工没有尽展所能，而降低了多少生产率、流失了多少科研设想，这些损失都是无法估计的。

员工未能达到预期的表现，可能是由于以下三个原因：首先，员工本人是否愿意干好他的工作？其次，他是否懂得怎样去干？最后，他是否有机会发挥他的才能？

有时候，员工本身是希望干好他的工作的，但这需要更多的信息和培训。当你雇用他时，你是否说明了你对他的所有要求，以及如何评定他的工作价值？他所接受的训练是否足以应付工作的要求？此外，也许是由于超出他控制范围内的因素而妨碍了他充分发挥潜力。例如，文书或其他部门的工作拖拉，也会直接影响他的工作。以下三种方法可以提高他们的工作表现。

1. 关心员工

你需要让员工得知你关心他们。如果你未能使他们感觉到这一点，便会影响他们的自信心和毁掉他们的创造性。

2. 提供额外培训

公司可通过为雇员提供有效的培训计划，防止人才流失。

3. 重新规定任务

有些时候，调派某人到另一部门是不切实际的行动。在这种情况下，你应根据他的能力来重新厘定他的工作，以便其掌握。

三、服务于企业员工志向的实现，支持每一个有志向的员工

许多管理界的人士都注意到强生制药公司在促进员工个人发展方面所做的努力。除了完善的培训系统和轮岗制度，强生对每个员工都有一套极富挑战性的职业发展计划。

公司每年年底都会对员工进行绩效评估。在对当年工作情况进行评估之后，部门主管和人事部门会跟员工个人一起商讨下一年的个人“职业发展计划”，根据以往一年的成绩和不足，规划来年需要加强的方面。

同时，评估中还包括对个人的潜力评估，涉及学习能力、解决问题能力和需求反馈能力等。对新人来说，第一年的工作成绩可能只是一般，但如果潜力得到认可，来年将得到更多机会。业绩、潜力均得到公司认可的，将有机会进入强生的“接班人计划”，成为公司重点培养的下一代管理层，并有机会参加各种开发潜能的培训、跨部门的轮岗培训及管理项目等。

成立于1994年的强生中国医疗器材有限公司，是强生公司在中国的独资公司。在强生医疗，每一个有志向获得成功的人都会获得公司不遗余力的支持。如果一名员工希望若干年后成为总经理，人力资源部门会逐步为其安排销售、财务和管理技巧等培训课程，并有意识地变换他的工作岗位，给予新的责任。

公司每年都要对员工做职业发展计划。员工每年都要填写一张“计划单”，规划出自己在新的一年内需要加强的方面。部门经理会根据他的要求制订出与之匹配的工作和培训计划。

对管理人员，公司还实行“教导”制度，每位管理人员拥有一位导师。但导师的选择要避免本部门或本公司的上司，如一位中国部门经理的导师可能身在澳大利亚，导师对员工进行职业规划等各方面的指导，“学生”则可以向导师倾诉无法向自己上司倾诉的问题和困惑。

如果员工被上司推荐并得到管理层认可为具有“高潜力”，还可以参加“实现潜力”计划，参加各种开发潜能的培训和其他职业培训。

而被形容为“金领计划”的DP项目（全球发展计划）是强生医疗针对管理人员的海外职业发展计划，主要面向强生在美国本土之外招聘的，并已为强生服务一段时间具有培养前途的员工。他们将被派往美国总部接受有关管理技能的高级培训一年，并视培训业绩对其有针对性地进行晋升。

四、培训下属的自信，服务企业发展全局

克里姆林宫曾有一位尽职尽责的老清洁工，她在谈及自己的工作时说：“我的工作和叶利钦的工作差不多。叶利钦是在收拾俄罗斯，而我则是在收拾克里姆林宫。每个人都在做好自己的工作。”

这位老太太竟然把“收拾卫生”与“收拾国家”这样天壤之别的活计相提并论，充分说明她对自己所从事的工作的挚爱与自信。如今，企业员工中有这般自信的人也许不多了，敢将自己的工作与董事长的工作相提并论的恐怕更是凤毛麟角。相反，倒是那种轻视自己岗位、小看自己工作的情绪像淡淡的尘雾随处可见。因为缺乏自信，燃不起工作热情，结果效率低下，责任意识淡化，敷衍塞责，得过且过，事故不断。

对于一个普通员工来讲，热爱自己的岗位并充满自信确实很重要，因为业绩总乐于为拥有自信充满热情的人开绿灯。对于企业而言，由自信而

焕发的敬业精神，则是管理者对下属员工诸多希望中最重要的一部分。想要下属由衷地敬业，重在呼唤沉睡在下属心灵中的“自信”，营造人人都是主人的气氛，让任何岗位上的员工真切地感受到：“我很重要！企业不能没有我，少了我就像少了董事长、总经理。”

从这种意义上说，克里姆林宫清洁工老太太的精神至今仍闪烁着熠熠光芒。从她的身上，可以看到十分强烈的自信心，很值得我们企业领袖尊敬，更值得我们深思：培植下属自信心，对于企业发展全局到底有什么好处？

1. 培植下属的自信心，提高下属对企业的忠诚度

如果企业管理者能够为下属自信心的树立提供诸多培训和机会，那么，一旦这些员工树立了职业自信心，就会把这个企业当做自己的发展天地，因为企业重视他们素质和能力的培植，而不是单纯地让下属工作。其次，培植下属自信心，有利于下属的“成才”。

自信，就是相信自己的力量，自信心就是确信自己所追求的目标是正确的，并坚信自己有力量与能力去实现所追求的目标。员工自信心的建立不是一直就有的，更不会随心而得。一个人的自信心与他的成功概率成正比。自信心越强，越能不畏失败、不怕挫折、不懈进取。自信心越大，越能产生强大的精神动力和进取激情，排除一切障碍去实现自己的目标。正如萧伯纳所说：“有自信心的人，可以化渺小为伟大，化平庸为神奇。”

日本松下电器企业有一句名言：“出产品之前先出人才。”其创始人松下幸之助更是强调：“一个天才的企业家总是不失时机地把对职员的培养和训练摆上重要的议事日程。教育是现代经济社会大背景下的‘撒手锏’，谁拥有它谁就预示着成功，只有傻瓜或自愿把自己的企业推向悬崖峭壁的人，才会对教育置若罔闻。”要想快出人才、多出人才、出好人才，企业只有依靠内部培训才能获得更多的优秀下属。通过实施有效培训，不但可以迅速提高基层员工的综合能力，更可以培植员工的自信心，这是一个人成才的关键。

2. 培植下属的自信心，提高企业经营管理效益

在企业管理中，对下属的培训往往被视为企业的福利。其实培训不只是让下属得到了个人知识和能力的提高，更是培养了其敬业精神。精明的企业领袖应该知道，对于下属员工自信心的培植，会使下属员工发自内心地感激企业为他们提供了使自己成长、发展和自我价值实现的机会。这样的结果鼓舞了士气、激发了潜能并有效调动了其积极性和主动性。当下属员工有了自尊和自信心，他就会在工作中将“要我做”转化为“我要做”。而下属员工敬业精神的产生，会自然而然地增强企业的向心力和凝聚力。

3. 培植下属的自信心，增强企业核心竞争力

在市场中竞争是企业的常态，面对市场日益激烈的竞争，企业只有与对手相比存在着核心竞争优势时，才有可能在激烈的市场竞争中赢得一席之地，而最能体现竞争优势的就是企业的人才优势和企业品牌形象。聪明的企业领袖应该明白：对企业而言，培植下属自信心正是增强核心竞争力的有效手段之一。

不难看出，培植下属自信心对于企业或部门来说是多么的重要！所以，我们要做的就是培植下属的自信心。自信心主要通过以下四方面来获得。

首先，要懂得用企业的发展前景来培植下属的自信心。下属的发展与企业息息相关。企业的发展前景在很大程度上决定了下属的自信心。

企业发展前景看好，市场预期可观，各个方面都在往好的方面发展，那么下属的自信心也会随之提高，对企业的认可度和向心力都会提升；相反，企业前景不明朗，或者是企业正在走下坡路，内部关系复杂，内耗不止，下属的自信心也将随之下降，对企业的离心倾向也将日益加剧。

所以，企业领袖要想培植下属的自信心，就必须在企业发展前景方面给予他们足够的自信心和认可度，让下属跟着企业一起发展、一起成长。

即便企业短期内处于困境，也必须给下属描绘未来美好的发展前景，“诱惑”下属与企业一道共同渡过难关，再创辉煌，而不是听之任之、自暴自弃。

其次，要让员工坚信企业产品成熟稳定。

产品是一个企业的立身之本。如果没有产品，或者是产品质量不可靠，那么这个企业肯定没法正常经营下去。在此情况下，企业员工的自信心肯定严重匮乏。很多员工，尤其是营销员工的自信心严重不足，很大程度上就是因为企业产品没有成熟和稳定，质量不可靠。员工每卖出一件产品，总在担心这个产品的质量是否可靠，客户是否会投诉或退货。在这样一种状态下，员工根本不可能有多么强烈的自信心，更不可能全身心、毫无后顾之忧地投入到营销工作中去。

换言之，要想让下属的自信心得到提升，就必须保证企业的产品是成熟和稳定的，质量是可靠的。作为企业领袖，当然不是要求企业生产出来的产品毫无缺陷和瑕疵，而是要求企业生产出来的产品相比市场上的同类产品质量相对可靠、完善，足以满足大部分目标消费群体的需求。这样我们才好向下属交代，通过一些渠道让所有下属了解企业产品的情况，从而引导员工树立应有的自信心。企业生产出来的产品越是成熟、稳定，产品定位越是准确，下属员工的自信心就越容易得到提升。

再次，企业领袖要有较强的执行力，确保制度和政策有力、有效。下属在企业工作，最根本的目的在于赚钱养家糊口，而这就与企业的政策相关了。

如果企业产品政策和营销政策到位，市场定位准确，那么下属就可以获得较好的业绩，从而得到较高的提成和收益。在这种情况下，下属的自信心肯定高涨。反之，如果企业的政策失策，产品定位和市场定位出现明显偏差，那么即使下属使出浑身解数，也难以挽救整个营销业绩的下滑，其自信心自然难以提升。

企业政策越是完善，下属的积极性就越是高涨；反之亦然。如果企业的政策三天两头变更，或者是延迟兑现，甚至就是“说话不算数”，毫无信誉；如果企业政策不能按时、全额兑现，那么下属的自信心也会受到一定影响，甚至导致下属被迫离职。所以，企业政策要有力、有效，下属的自信心才能培植和提升起来。

最后，企业领袖要善于树立典范，以激励下属增强自信心。

无论是下属自己取得了实际的业绩、得到了相应的回报，还是周围的下属在企业的有利政策下，通过自身的努力获得了较高的报酬，一些活生生的案例都能够最大限度地提升下属的自信心。在榜样作用下，下属的自信心和激情都会得到极大的提升，并最终在企业内形成你追我赶、群雄争锋的良好局面，企业、员工会实现双赢。

五、用心赢得下属的认同感

不管是从管理上还是从人际的心理上来讲，人与人之间的关系既充满着简单的因素，也充满着复杂的因素。而作为企业的领袖，如果想要成功地统领形形色色的人物，就需要赢得员工的认同感。领袖在行使自己的服务力的时候，一定要注意员工的认同感。

一般来讲，下属对领袖做出的评价，在很大程度上并非根据客观事实，而是根据他们主观上感觉到的“事实”，并且受到领袖的性格、背景、文化、经历、期望等因素的影响。尽管绝大多数团队的下属都喜欢自己上司的行为与其个性一致，让大家能看到其真实、本色的一面。也因此，作为企业的领袖，应该更注重下属的真实感受和主观体验。因为本质上你是一个什么样的上司并不重要，重要的是下属普遍认为你是一个出色的上司。而为了达到这种效果，以下几条经验不可不借鉴。

1. 放下威严

权力并不是万能钥匙，不用摆什么架子，大家也知道你是企业的领袖。威信比权力更重要，放弃手中的权力，把精力放在建立威信上。有了威信，大家才能信服你；你所做出的决定，才会得到大家的拥护。由于地位不同，下属对自己的领袖往往有些抵触心理。这时就需要领袖适当地放下自己的威严。在平常的言行举止中要让员工具有向心力。比如和下属说话要和蔼、保持笑容；委派工作时要先给对方打气、交代完任务再鼓励一番等。

总之，领袖既要保持自己的尊严，又要尊重下属，使得整个团队在你的调理下显得严肃而活泼，这样，你会与下属交上朋友。

2. 适当激励

每一个员工都向往荣誉。荣誉的获得有多种形式，比如在团队里，上司对下属工作的肯定或赞美，就是对下属荣誉给予的一种基本形式。通过这种形式，下属的积极性、主动性都会得到很好的激发，因为对团队的下属来说，没有什么比得到领袖的赞赏更让他激动的了。

赞美之于人心，如阳光之于万物。如果这种阳光经常光顾下属之间，还有什么样的员工不会被感染。当然了，赞扬是与下属相处的一种形式，但也不是唯一的形式。比如与赞扬相对应的形式——批评方式，也要理性地把握、巧妙地使用。如果说赞扬是对激情的一种鼓励，那么，善意的批评则更是对改正错误的一种友善帮助。

3. 公正管理

公平大抵与“利益”二字不无关系，比如团队分配给下属的任务有可能出现的不均，下属与下属之间为某件鸡毛蒜皮的事争执不下，有的下属对自己的待遇提出质疑等，对下属而言，似乎每一件事都因与自己利益攸关而必须认真对待。在这种情况下，领袖就有必要行使职权来把每一碗水端平了。

领袖要做到公平与公正，最重要的是先摆正自己的位置，用好手中的权，在引导下属耐心解读忍让的道理的同时，自己公平地对待每一个下属与下属所做的每一件事。尤其是在批评或表扬下属时，要做到批之适度，表之有术，赏罚分明，使下属心服口服。企业领袖在处理公事时不夹带私人感情，赏罚分明，这是树立自己威信的起点。有了这个起点，你才有资格指导下属用心工作，为团队争光。

4. 强力沟通

日本著名企业家松下幸之助有句名言："伟大的事业需要一颗真诚的心与人沟通。"在团队管理中，上司与下属的沟通极为重要。管理者的首要职责是不断地发现问题和解决问题。与下属有效地沟通，往往是解决问题的最佳方式之一。

它可以拉近上司与下属之间的心理距离，使本来不那么容易解决的问题在平和的气氛中得以顺利解决。当然，沟通是需要熟谙其艺术与技巧的。掌握了艺术与技巧，就具备了与下属相处的资本。具备了这样的资本，你在与下属相处中就拥有号召力和凝聚力，就能够得心应手和卓有成效地开展工作。此外，良好的团队内部沟通，有助于使下属认清团队所面临的形势，有助于下属理解上司的各种难处，有助于内部上下一条心，使团队拧成有序有节有度有竞争力的一股绳。管理学专家亨利·法约尔曾说："沟通决定了管理。"

领袖与下属之间的有效沟通是任何团队管理艺术的精髓。在这个精髓里，人们不但可以看到团队上上下下的齐心协力，更重要的是可以看到团队在勃勃生机中带来丰厚的利润，而且也会给每个人的工作带来无穷妙处。

"天才就是放对位置的普通人。"服务型领袖，必能识人所长，用人所长，"下君尽己之力，中君尽人之力，上君尽人之智。"

特质五

服务于企业品质——领袖是实施德治的基准牌

一个人有一个人的品质，一个企业也有一个企业的品质。领袖服务力所说的品质不包括产品品质，只是针对企业之“德”而言。领袖的个人品质是企业品质的一面旗帜，企业领袖的个人品质极大感染着企业的品质。领袖要从企业生命的高度管束自己的个人德行，为企业品质建立一座标志性的基准牌。

领袖的道德力决定领袖和企业的高度

一、领袖要谨慎乐观，而不要盲目自信

决策是领导者最基本的职责，作为一名领导，工作的过程实际上就是不断地作出决策的过程。很多决策尤其是重大的决策都和企业的发展息息相关，因此领导者在做任何决策时都要谨慎，即使企业的情况很好也不要自高自大。因为福与祸、好与坏都是可以互相转化的，在一定的条件下，坏事可以引出好的结果，好事也可能会导致坏的局面。盲目自信、轻敌，会使领导者做出错误的决策，使企业发展受到阻碍。

作为一位企业领导者，尤其是那些过去曾经有过骄人业绩和成功经历的领导者，很容易走入固执、僵化和拒绝新思想的陷阱。成功很容易使他们对自己已经形成的管理模式和思维习惯坚信不疑，最终落入“过去对的东西将来一定还会是对的，过去这样做成功了，将来这么做也一定还会成功”这样一个误区之中，盲目自信，听不进其他人的意见，对待下属的创新建议漠然处之，甚至以粗暴的方式进行打击，最终阻碍甚至断送企业的发展。

清末，一些官僚倡导洋务运动。他们试图通过引进西方先进技术、设备，达到富国强兵的目的。洋务派代表人物湖广总督张之洞，在汉阳兴办了当时东方规模最大的钢铁厂——汉阳钢铁厂，想把它办成世界一流的企业。然而张之洞的美妙幻梦很快就破灭了。

张之洞对冶炼既缺乏经验又毫无知识，导致了许多重大决策失误。他把厂址选在“煤铁两不就”的汉阳龟山脚下，原料和燃料运费

很高；没有接受工程师提出的先化验铁矿砂再选高炉的建议，主观地认为："中国之大，何处无煤铁？""就按照外国的高炉设计吧"，结果铁厂建成投产后，由于三座高炉中的两座不适于冶炼含磷较多的铁矿石，因而严重影响了产品质量。张之洞不懂铁矿砂和高炉构造之间的密切关联性，又不听工程师的建议，单凭主观臆想盲目决策，结果断送了这一幼稚的民族工业。

管理就像是在登山，如果没有闯劲的话，你将永远不会到达最高点；但如果闯劲太大，你又将要面临失去一切的风险。管理亦然，如果决策时不能客观评估自己和市场的危险，就会被"登顶的狂热"所蒙蔽，就会使自己陷于危险的境地。即使在企业发展一帆风顺的时候，也不能被成功的表象所迷惑，不顾实际盲目决策。要知道，企业的经营环境时刻都在变化中，情势瞬息万变，一切都未可预知。

一只老鹰从高岩上以非常优美的姿势俯冲而下，把一只羊羔抓走了。乌鸦看见了，非常羡慕，心想：要是我也能这样去抓一只羊，就不用天天吃腐烂的食物了，那该多好呀！于是乌鸦凭借着对鹰的记忆，反复练习俯冲的姿势，也希望像鹰一样抓走一只羊。

一天，它觉得练习得差不多了，便呼啦啦地从山崖上俯冲下去，猛扑到一只公羊身上，狠命地想把羊带走，然而它的脚爪却被羊毛缠住了，怎么也拔不出来。尽管它不断地使劲拍打翅膀，但仍飞不起来。牧羊人看到后，跑过去将乌鸦一把抓住了……

乌鸦要学老鹰却导致了悲剧，它的悲剧无疑是盲目自信造成的，它光看到了老鹰往下俯冲，却没有看到老鹰矫健的身体、强大的力量和高超的技术。从乌鸦的身上，我们可以学到一个简单又复杂的道理：盲目的自信，会给自己带来意想不到的灾难。对于企业而言，不管现在看起来情况多么乐观，也不应该过于大意，因为任何表面的风平浪静都有可能掩藏着惊涛骇浪。

因此，企业领导者在为企业决策时，宁可把自己看得扁一些，也不可过于乐观地估计企业的前景和自身的优势，盲目做出过于自信的决策，否则很可能会使企业变成学老鹰的乌鸦。

二、领袖杜绝吹嘘，信用重于天

我们都知道，说大话容易，要把说出口的大话落实很难。身为企业领袖，有必要尽量言行一致，不轻易作出承诺。一旦承诺就要兑现，言不由衷，只能失去下属的信任。一旦下属不信任企业领袖，认为企业领袖的话都是戏言，那么他们随时都会践踏领袖的权力，更别说是努力工作了。

企业领袖一定要知道，并不是“人有多大胆，地有多大产”。过嘴瘾容易擦嘴难，让说过的话兑现就更难了。许诺越高，兑现越难。许多企业领袖位居高位，往往会觉得自己无所不能，于是常会只顾过嘴瘾，脱口而出许下诺言。然而他们却不知道，一旦兑现不成，失望就会越大，而一旦失望超过一定的限度，就会变成绝望。这对于一个企业领袖来说，就意味着威信的死亡。下属总会把上司的许诺看得很重，因为他们为这个许诺付出了实际的努力，企业领袖一旦无法兑现自己先前的许诺，马上就会产生极大的反应，令下属产生怨恨情绪，因为企业领袖失信了、欺骗了他们。试想，一个人本来和自己的亲朋说好了年终奖金有 5 万元，可到最后却一分钱也没拿到，这不仅让他在物质上受到打击，更在心灵上受到摧残——他们在亲朋面前丢了面子和尊严。这样一来，就会严重地挫伤下属的工作积极性，最终受伤害的是企业领袖或者企业。

一家公司的企业领袖，由于看到别的公司都有奖励制度而且效果不错，于是自己也想制订一个激励下属的方案。他经过多方学习，终于定下了方案。于是召开员工大会，宣布了自己的决定：业务部门只要每个月完成去年同期工作任务水平的人，都可以得到100元的奖金；能够完成两倍的人，工资就可以翻倍；全年连续完成去年工作任务的人可以得到一部价值5000元的数码相机；而能完成去年全年两倍任务的人，则奖励一定品牌的轿车一辆；如果能够完成3倍以上的，就奖励一套住房的使用权，直至此人离开公司。制度一公布，大家的积极性空前高涨，很多业务人员都开始了夜以继日的工作。第一个月过去了，几乎每个人都得到了奖励，大家都很高兴。3个月后，奖励依然存在。转眼一年过去了，业务部有3个人完成了去年全年两倍的工作任务，正当他们激动地等待属于自己的轿车的时候，领导的决定却让大家大跌眼镜：由于对计划的考虑不周，今年的奖励制度作废了。大家都感觉自己被愚弄了，于是纷纷离开公司，不久后那家公司就倒闭了。

很多企业领袖觉得许诺是最容易的事，而且也是激励下属努力工作最快的手段，于是一高兴就喜欢过过嘴瘾，不费吹灰之力就脱口许下诺言，却忘记了自己的原则和实际能力。

只凭一时高兴，对下属想说什么就说什么，说多少能刺激下属的积极性就说多少，让下属们听得群情激奋、跃跃欲试，就是企业领袖自己也深受感染，似乎那些让人兴奋的成果触手可及，就在眼前一般。但事实是：越是高许诺越是不容易实现，也就越会让下属感到失望。企业领袖的许诺越高，下属的工作情绪也就越高，工作的干劲也就越大。所以很多人就夸大了许诺，把10说成了100，最终得到的只有苦果。更为严重的问题是，许多企业领袖根本就没有打算兑现。当初的许诺只是“逗你玩”，让你努力工作而已，现在你的价值不大了，也就没有兑现的必要了。这种“过河拆桥”的实用主义观点，简直就是让企业自杀，因为企业领袖的信用下降及对个别员工的不公正，会影响到企业的效益。兔死狐悲，人们会想他的今天就是我的明日，那么其他员工就会对企业、对领导毫无信心。如果仍然留下，那一定是出于无奈，否则一有机会肯定会拔腿就走的。这种有意的不兑现，给企业带来的危害是灾难性的，是用多少心血、多少钱都无法挽救的。因此，企业领袖切忌信口开河，不能随便许诺，否则失去了信用，会终生遗憾。

三、领袖必须要记住的箴言：小胜凭智，大胜靠德

早在古代，我们的先人就强调治国要以“富民”为本，“民以食为天”，义利并重，不能以“利”害“义”，而要以义制利，取之有道，守义才能取得永久的利益。聪明的商人追求“以德经商”，不会盯着眼前的蝇头小利不放，他们看重的是一世的利益，古往今来，能够成就大业者无不是以德取胜。

德即道德、德行，细化起来，各行各业都有其道德遵循。德是一种境界，是一种追求，也是一种力量，是一种震慑邪恶、净化环境、提升思维、积累学业财源的动力。德能使自己内功强劲，无往而不胜。高尚的道德品行不仅是我们为人处世的根本，更是一个商人积累财富，称雄商海的资本。我们必须承认，智力只是一种外在的表现，而德是内在的素质，是内因，正所谓有“德”之师，才能无往而不利。

最受尊敬的企业是一个以德为胜的企业，不见得能够在短期，或者说在某一市场取得胜利，但从长远看，这种良好的德行，或者说有德的企业文化，注定能够保证企业在风吹浪打的经济大潮中，披荆斩棘，凝聚人才，凝聚人气，以“有德”的精神，铸就长久发展的基石。

当前市场竞争激烈，产品成千上万，要想令消费者主动去接受和选择你的项目或者产品，而不是别人的，取决于你的态度。消费者最终买的不是你的产品或者项目，而是你的态度，你对待消费者的态度，你对社会的态度，你对社会承担的责任。这是一个企业或者一个品牌受尊敬、立足市场的根本原因。

清朝康熙皇帝曾说："江山之固，在德不在险。"作为领导者，无论官大小，你必须清楚：下属无法信任那些品格有明显瑕疵的领导，更不会长久追随这样的领导。没有下属一起打拼，就算你有全世界最伟大的理想和最完美的计划，也是孤掌难鸣。

《菜根谭》中有句名言："德者事业之基，未有基不固而栋宇坚久者。"意思是说，一个人有高尚品德是其事业的基础，如同建楼，不打牢地基就不能坚固长久。人格低下、品德不端的人，即使一时作出一些成绩，获得一些名利，也不会长久。优秀的领导者需要具备高尚的品德。就像蒙牛集团的开创者牛根生，就是靠德取胜的典范。

"小胜凭智，大胜靠德"，这是牛根生常挂在嘴边的话，因为"德"是俘获人心的最佳利器。"想赢两三个回合，赢三年五年，有点智商就行；要想一辈子赢，没有'德商'绝对不行。"

不错，"小胜凭智，大胜靠德"，要想获得大的胜利，还需靠"德"！德即道德、德行。细化起来，各行各业都有其道德遵循。德是一种境界，是一种追求，是一种力量，是一种震慑邪恶、净化环境、提升思维、积累学业财源的动力，它能使自己内功强劲，无往而不胜。

领袖必备的好品德及其对企业品质的影响

一、领袖善于接受批评和建议，企业就民主开化

善于接受批评与建议是企业领袖必备的品德。不可否认，一个企业领袖虚心接受建议的良好品质将会直接影响公司内部交流机制的构建。而这对于一个企业的发展来讲是非常的有利的。相反，一个企业领导者如果对于员工的批评建议听之任之，则是非常危险的。

从管理的角度来讲，领导是在一定的社会组织和群体内，为实现组织预定目标，领导者运用其法定权力和自身影响力影响被领导者的行为，并将其导向组织目标的过程。可见，领导还是有别于一般人的。这就给领导提出了不同于民众的要求：要善于听取批评、接受批评，克服缺点、修正错误，而不能成为意见的终结者。

不可否认的是，在通常情况下，表扬比批评更入耳，更让人爱听，这可能是人的天性。在企业的管理中，企业的领导者也是人，首先作为一个人来说，领导者也摆脱不了这样一种天生习惯：爱听好话，不爱听批评的话。当这种天生习惯成了“最”，对于领导者来说，就值得深思了。

为什么一些企业领导者不喜欢接受批评与建议，主要有两方面原因：一是有的企业管理者听惯了身边人和某些下级阿谀奉承的话、假话，把领导搞得云里雾里，听到批评的话就入不了耳。二是权力太傲慢，权力就是真理。在这样一种权力观的支配下，员工批评领导者就是反权力。归根结底，是“集思广益，民族开化”的坚持不够。

在企业的管理中，领袖要善于激发集体的智慧和力量，而不是随意扼杀它们。每个人的“心智”都是一个独立的“能量体”，而我们的潜意识则是一种磁体，当你去行动时，你的磁力就产生了，并将财富吸引过来。要接纳一切稀奇古怪的想法，同时贡献自己的浅见。即使你是“天才”，凭借自己的想象力，也许可以获得一定的财富。但如果你懂得让自己的想象力与他人的想象力结合，就定然会产生更大的成就。

如果你一个人的心灵力量，与更多的“磁力”相同的人结合在一起，就可以形成一个强大的“磁力场”，而这个磁力场的创富力量将是无与伦比的。可见，一个好的创意的产生与实施，领袖光靠自身的力量和努力是不够的，必须集思广益，必须在自己周围聚拢起一批专家，让他们各显其能，各尽其才，充分发挥他们的创造性作用。

在企业的管理中，领袖应当尽管将工作做适当分配，并且积极听取员工的建议与看法。让员工参与到管理工作中来，这样，不但使工作计划和目标更加趋于合理，并增强了员工工作的积极性，提高了工作效率。

1880 年，柯达公司创始人乔治·伊士曼首先研究成功一种新的感光乳剂。这一发明引起人们的重视，他的研究开始得到别人的赞助。经过六年时间他终于研制出卷式感光胶卷，即伊士曼胶卷。新型感光胶卷的出现，结束了用湿漉漉的、笨重易碎的玻璃片作底片的历史。又过了两年，他又研究出手提式小型照相机。这种照相机命名为柯达一号。摄影爱好者从此结束了用马车装载照相器材的日子。

伊士曼这一系列的发明，为他赢得了可观的财富。这时，他成立了伊士曼—柯达公司，专门生产照相器材。

为了改善公司的经营管理，伊士曼很重视听取员工的意见与批评。他认为公司的许多设想和问题，都可以从员工的意见中得到反映或解答。为了收集员工的意见，他设立了建议箱，这在美国企业界是一项首创。公司里任何人，不管是白领工人还是蓝领工人，都可以把自己对公司某一环节或全面的战略性的改进意见写下来，投入建议箱。公司指定专职的经理负责处理这些建议。被采纳的建议，如果可以替公司省钱，公司将提取头两年节省金额的 15% 作为奖金；如果可以研发一种新产品上市，奖金是第一年销售额的 3%；如果未被采纳，也会收到公司的书面解释函。建议都被记入本人的考核表格，作为提升的依据之一。

柯达公司的建议箱制度，从 1898 年开始实施，坚持到现在。第一个给公司提建议的是一个普通工人，他的建议是软片室应经常有人负责擦洗玻璃。他的这一建议得奖 20 美元。设立建议箱 100 多年来，公司共采纳员工所提的 70 多万个建议，付出奖金达 2000 万美元。这些建议，减少了大量耗财费力的文牍工作，更新了庞大的设备，并且堵塞了无数工作小的漏洞。例如，公司原来打算耗资 50 万美元，兴建包括一座大楼在内的设施来改进装置机的安全操作。可是，工人贝金汉提出一项建议，不用兴建大楼，只需花5000 美元就可以办到。这项建议后来被采纳，贝金汉为此获得50000 美元的奖金。

在伊士曼看来，一个企业的繁荣，关键的一条是要使全体工作人员视企业为家，和企业共命运。为此，1912 年，伊士曼在柯达公司建立了红利制度。工人除了每个月领到比其他公司优厚的薪金外，每年还可以根据自己为公司所作贡献的大小，参加公司分红。这在美国企业中也是首创。1919 年，伊士曼又把自己在柯达公司股权的 1/3 发放给员工。

柯达公司这一做法大大提高了公司员工的积极性，培养了员工对公司无比忠诚的感情。柯达公司的员工，不但自己不想离开柯达公司，而且希望自己的子女也能进柯达公司工作。所以，要从柯达公司挖走人才，难上加难。一个被派去挖柯达公司人才的人士曾对一家杂志社说：我们想要从柯达公司挖一些人过来，但那就好比要把三岁的小孩从母亲身边拉开一样不可能。

和员工的沟通不能再局限于对员工的嘘寒问暖，而是应该鼓励员工参与到工作目标的决策中来。这才是一种最有效的管理办法。值得一提的是，作为许多外资企业保持企业内各种沟通渠道畅通的方法之一是设立专门的领导信箱并安放在全厂每个员工都最方便接近的地方，然后由总经理自己亲自掌握信箱的钥匙，并每天亲自处理所有的投诉。在设立领导信箱的同时还另外设立“改善建议信箱”由专门人员接收和处理所有员工的改善意见。总之，对于一企业来讲，如果企业的领导善于接受批评和建议，那么企业就民主开化。而这样的企业往往富有生机和活力。

二、不论领袖个人，还是企业，真诚是非常重要的

真诚对于一个企业领袖和企业来讲是非常重要的。真诚是企业领导者

的优秀品格，也是一种优秀的企业文化元素。在企业的经营管理中，企业领袖的真诚品质往往会影响到企业文化的构建。特别是当领袖的真诚的个性被植入到企业文化中的时候，这种真诚也会变成企业的精神。

在企业的管理中，真诚的领导者会由衷地希望能通过管理来为他人服务。相较于为自己谋求权力、金钱与名望，他们更愿意通过赋予下属权力来为企业带来转机。他们以心灵的品质、热情与仁慈为行事准则，如同他们以心智的品质为行事准则一样。

真诚的领导者并不是天生的。很多人有领导的天赋，但他们必须全力发掘这份天赋才能成为一个出色的领导者。称职的领导懂得运用天赋，但同时也能意识到自己的不足之处并努力克服。他们的领导是有目标、有意义，而且有价值的。他们能与其他人建立起长久的人脉关系，大家愿意服从他们的领导，因为他们很清楚自己的职责所在。他们是自律而且表里如一的人。在涉及原则的事情上，他们从不妥协。称职的领导致力于提升自己，因为他们知道当领导是一个人一生的成长过程。

领导者都是与众不同的。任何一个想当领导的人，如果买了那些指导书并意图模仿书中的所有领导素质，是注定要失败的。我这么说是因为一开始我也这么试过，一点儿用都没有。

当领导必备的一种素质就是独立自主，对待任何事情都要真诚。最出色的领导者都是自主并极其独立的。太过于迎合他人意愿的人，可能会被各方利益的冲突、工作的进展事与愿违，或因害怕得罪人而不敢作出决定等各种因素所压倒。

当你觉得所有人都对你施加压力，要你选择一条道路，没人站在你这边的时候，独立自主就具有极大的挑战性。

李炳容先生是一位比较有名的管理者。他曾看过电影《长跑者的寂寞》，起初李炳容并不理解这部电影的含义，因为这个管理者总是往人堆里扎以避免孤独。学会克服高处不胜寒的感觉很关键，这样你才不会被压力左右。想自主的人必须具备力排众议的能力。

在李炳容当上美敦力的总裁后不久，参加了一个会议，很快发现一组新同事显然已经事先计划好了一项针对西门子公司与美敦力的主要专利的争夺策略。他们的计划是免除版税与西门子互换产品，以此来显示美敦力的良好信誉。直觉告诉李炳容，这件事情不可能成功，因此与整组人据理力争，拒绝运作这项计划的立场可能使李炳容在新的工作伙伴当中不那么受欢迎，但李炳容必须得那样做。后来李炳容通过与西门子公司的协商做出了一项超过400万美元的解决方案，这个金额在当时的专利结算中位居第二。

要想成为一名称职的领导，我们每个人都应该发掘属于自己的、与自身品格和性格相一致的领导风格。遗憾的是，企业的压力迫使我们改变自己去迎合它的标准领导模式。但是，如果我们屈从于一种与本身不相符的模式，就永远也当不了一名称职的领导。

我的看法和大部分理论著述相反，一个人的领导方法属于哪种模式无关紧要。世界上杰出的领导人——乔治·华盛顿、亚伯拉罕·林肯、温斯顿·丘吉尔、富兰克林·罗斯福、玛格丽特·撒切尔、马丁·路德·金、特蕾莎修女、约翰·F. 肯尼迪，他们的领导方式都大相径庭，然而他们每一位都是真诚的。试图模仿他们必然显得很愚蠢。

对于商业领导者来说亦是同理。比较一下通用电气的前三位CEO：有政治家风范的里奇纳德·琼斯、活力充沛的杰克·韦尔奇以及乐于授权给下属的杰夫·伊梅尔特。他们风格迥异，然而都非常成功。通用电气的成员都团结在他们身边，适应了他们的不同风格，从而使企业欣欣向荣。这靠的是领导者的真诚，而不是风格。

三、诚信的长远价值——万变的商场，不变的承诺

在企业的经营管理中，有人将企业的领导者比做乐队指挥，一个乐队

指挥的作用是通过演奏家的共同努力而形成一种和谐的声调和正确的节奏。由于乐队指挥才能的不同，乐队也会做出不同的反应。不可否认，企业领袖作为企业的决策者、管理者，其一言一行、思想观念，以及自身素质都将对他的下属和企业产生深远影响。

有人曾说，有什么样的领导就有什么样的企业，因为作为主要决策制定者，领导者比其他人有更多机会为公司树立形象，并以此为在公司工作的其他人树立榜样。在今天，诚信已经成为企业的安身立命之本，是支持企业永久生存的灵魂。因此，许多陷入诚信危机的企业，可以想象他们的领导者是忽视自身和组织的诚信建设的，这就阻碍了企业的可持续发展，阻碍了企业做大做强。

对于一个企业领袖或者企业本身来讲，诚信本身是一种无形的资产。在万变的商场，诚信往往是检验一个企业领导人或者企业的试金石。所以，企业领袖在带领企业发展的时候，一定要恪守领导者和企业诚信的承诺。即使商场是万变的，自己以及企业的承诺也不要轻易改变。

随着市场竞争的日益激烈，企业赖以生存和发展的环境发生了巨大变化，经济、市场全球化，竞争手段的现代化，使企业要想获得生存和可持续发展，不仅需要有正确的战略、优秀的管理、先进的技术和有效的营销，更重要的是企业经营管理者必须具备高度的诚信。全球化市场的主体是企业，而企业的舵手是企业家，是企业的管理者，“每个成功的企业都拥有一个以企业家为核心的高素质的经营管理者群体来支撑”。企业家是企业凝聚力的核心，如果企业领导者自身不讲信用，必将对整个企业的诚信体系带来不利影响。在企业诚信建设中，企业主要负责人起着极为重要的关键作用，有了诚信，企业才能更顺利地实施其战略，推行其管理，利用其技术，整合其营销。失去了诚信，企业的战略即使制定得再正确，也不可能得到好的实施，最终只能成为美好的空想；失去诚信，先进的技术可能用到了违法的领域，公司的营销高手也无法扩大市场，企业就失去了存在的基础，更谈不上企业的长久发展。

1. 领袖诚信的价值

（1）领袖诚信是企业打造品牌的支柱

企业品牌与企业领导者的诚信是紧密相连的，企业领导者诚信是品牌的基石。无数事实说明，企业领导者的诚信往往是企业的信誉度，企业领导者讲诚信、守信用，企业才能受到业主的信赖，才能获得良好的社会信誉；企业领导者讲诚信，上行下效，会使企业心齐风正，凝聚力增强。企业领导者只有坚持诚信，并将这种诚信理念贯穿于品牌战略的全过程，才能创造出为消费者信赖并长盛不衰的强势品牌。如新希望集团的刘永好，他非常重视自身及整个企业的信誉建设。试想，如果一个企业的领导者信誉出了问题，人们还会相信他的企业，相信他的产品吗？人们习惯于通过企业领导者来衡量这个企业的素质及信用度，领导者有较高的威望及社会影响，信誉又好，那他无形中给这个企业做了活广告，相当于给自己企业的产品留下好的印象，利于品牌的建设。所以为了打造优秀品牌，企业领导者自身信用建设非常关键。

（2）领袖诚信是企业降低交易成本的重要因素

企业领导者的诚信在交易中可以显示出其强大的效能，可以节约交易时间，降低交易成本。所谓交易成本，是指企业为进行交易活动所必须支出的各种费用。从经济学的角度说，包括时间的成本和信息的成本。这些成本在交易的不同阶段，分别体现为：①谈判和缔结合同的成本；②履行合同的成本；③合同不履行时获取补救的成本。由于交易双方的信息不对称，为了达成交易，交易的一方需要搜索有关交易对方以及该交易对象的信息。由于搜索需要付出时间、精力和金钱，因而即使交易达成，结果也是欠佳的；如果交易成本过高，交易行为就有可能不发生。反之，如果交易双方的领导者彼此诚信，就可以节省交易时间，降低交易成本，提高效率，促进交易的发生；还可以使交易双方自觉守约，不需要正式的规则、制度和外部强制执行。

（3）领袖诚信是企业创造核心竞争力的源泉

优秀的企业领导者是企业发展的原动力，是企业核心竞争力的源泉，其素质的高低在一定程度上决定着企业的兴衰存亡。核心竞争力是能为企业带来相对于竞争对手的竞争优势的资源与能力。这种能力必须是有价值的、稀缺的、难以模仿的和不可替代的。企业领导者诚信对于企业来说肯定是有价值的，而在目前我国市场经济条件下，企业领导者真正建立起诚信的并不多，所以它又是稀缺的。同时我们应该看到，企业领导者诚信的建立不是一朝一夕就可完成的，它需要连续多年的积累和精心的呵护，不是简单就能模仿到的，并且对于企业来说，没有任何其他的资源和能力可以替代领导者诚信。领导者是企业形象的代言人，离开了领导者诚信，企业的其他所有资源与能力就必然受到重大影响。因此，领导者诚信是企业创造核心竞争力的源泉。面对竞争日益激烈的市场，企业只有在坚持诚信原则的基础上才能建立和发展竞争优势，从而立于不败之地。

2. 领袖诚信危机的表现

在企业的经营与管理中，一些企业领导者诚信问题上的不足表现在以下几点。

（1）忽视员工诚信教育

一个优秀的企业要想获得诚信的美誉，企业领导者除自身要建立良好诚信形象以外，一定不能忽视员工的诚信建设。但目前，大多数企业只看到员工是否能完成工作目标，只关心生产，而忽视员工精神建设，忽视诚信教育，尤其是业务部门，任务是完成了，却给客户留下不诚信等不良印象的情况时有发生。在企业内部，企业领导者也不关心员工不诚信行为，没有制定惩罚措施，致使企业内部很难形成诚信氛围。而这些员工涉外的时候，他们在一定程度上是企业形象的代表，这样一来，势必会给企业的声誉带来不良影响。

(2) 为了自身利益，损害他人利益

有的企业领导者为了自己企业的利益，肆意损害其他经营者的权益，如商标侵权、专利技术侵权、在合作中欺骗对方、违约、拖欠货款和贷款等，使得其他经营者不敢与民营企业做生意。还有的企业进行骗汇、套汇，从而失去了许多与外商合作的机会。

(3) 诚信经营意识不强

对于市场经济中的“经济人”来说，利益的驱动力是巨大的，也是永恒的。在追逐利益的过程中，不择手段投机牟利极易发生。特别是那些诚信品德不高、经营管理能力较差的企业，在国家社会政治经济体制不完善，转制和改革过程中形成可能用非正常手段进行牟利的机会存在的情况下，他们便开始进行各种钻营。很多民营企业主在此方面表现十分明显。有相当比例的企业借改制之机逃避金融债务且数额巨大，企业恶意逃避银行债务，致使银行惜贷，银企陷入信用危机。他们诚信观念淡薄，对诚信的意义缺乏认识，诚信建设投入稀少，企业内部没有形成崇尚诚信的良好风尚，更没有建立诚信管理的规章制度。

3. 领袖引导诚信建设

基于种种情况，企业领袖应该把诚信当成企业最基本的文化来抓，构建企业的诚信文化，进而提高企业的美誉度。而这些主要从下面几点入手。

(1) 提高领导者诚信道德修养，强化诚信意识

企业家是企业的管理者和决策者，是企业的领路人，其一言一行直接影响到企业员工的行为。有研究表明，企业家个人的价值观对企业价值观的形成起决定性的作用。因此民营企业家要带头讲诚信，为企业员工树立榜样，要加强自身学习，增强对诚信重要性的认识，把诚信作为修身立业之本。同时在企业生产、经营及管理活动中，要自觉地践行诚信理念，努力做到：思考问题讲诚信；制定目标讲诚信；产品与服务讲诚信；绩效评

估讲诚信，将诚信渗透到企业活动的各个方面。

（2）关注企业内部诚信建设，提高员工诚信水平

要创造一流的企业，首先要拥有一流的人才，人才是企业的资本。如何用人、管人、留人，理论上的方法很多，但重要的一点是要诚信待人。员工是企业文化建设的主体，只有全体员工有了强烈的诚信意识，时时处处遵守诚信规则，整个企业的诚信文化氛围才能建立起来。因此要通过教育让员工们知道守信对企业发展的重要性和失信对企业及自身利益的危害性，使他们树立“诚信第一”的观念，进而在行动上自觉地维护企业的信用；其次要大力宣传诚信事迹。企业要发挥自身优势，通过内部网站，大力宣传员工的先进事迹，展示员工的精神风貌，积极倡导先进的企业文化；最后要开展专题活动。要通过演讲、讨论、比赛、参观等多种形式，把诚信文化的教育纳入到企业的各种娱乐活动之中，在丰富的专项活动中，进行理想信念、价值观教育，使诚信理念深入人心，不断增强广大员工对企业的认同感、归属感和自豪感，从而统一思想，统一价值取向，这样员工就会真心诚意地为企业的美好前景而努力拼搏，形成内部凝聚力，增强竞争力。

（3）提高企业领导者的自身素质，增强诚信经营能力

我国的企业领导者，有些自身素质不高，尤其是在一些民营企业中这种情况更为明显，归纳起来自身素质偏低表现在如下三个方面：一是思想素质差，认为自己创办和经营企业纯粹为了赚钱，对为国家和社会作贡献、治理环境污染及维护职工权益等问题全然不予考虑；二是经营管理素质低下，管理方式粗放落后，在合同管理、财务管理方面严重欠缺，造成企业欺诈、被骗等现象，加大企业信用风险；三是有些企业家法律意识淡薄，千方百计钻法律空子，以次充好，赖账不还甚至违法经营。

企业领导者经营管理水平的提高是其增强竞争能力、扩大企业经济实力的首要条件。而企业经济实力的增强、竞争能力的提高是他们能够诚信

经营的重要保障。所以在给予一些企业各种优惠政策扶持的同时，通过学习培训引导他们掌握现代企业管理的手段，提高科学经营管理的水平，用科学和技术的力量带动企业效益的提高。还要建立诚信经营的自律机制，认真制定诚信经营准则，明确自己的社会责任和社会使命。企业家群体应注重自律垂范，要建立全新现代企业制度，实施战略管理，以减少企业不诚信及欺诈行为的发生，这些都是提高他们诚信经营能力和信心的有效途径。

企业领导者的诚信在企业的经营过程中起着重要作用，所以，企业领导者在经营过程中，只有恪守诚信这一法宝，树立以诚信提升企业竞争力的理念，铸造诚信优良形象，提高企业内部员工诚信水平，不断提升自我素质，增强诚信经营能力，然后通过经营有方，精心打造品牌，创优创新创特，这样必然能有效提高自身的竞争优势，在市场经济的激流中永远立于不败之地。

四、敢于担当，不怕事的领袖品德造就企业品德

温家宝总理有言：“事不避难，勇于担当。”何为“担当”，就是要敢于负责任。有无担当精神，是个人素质、能力高低的一个重要标尺。在应对各种困难和挑战过程中，企业高管和员工要敢于负责、勇于担当，于困境中找到出路、于困难中找到办法、于无望中创造可能、于可能中办成事情。

企业领袖是企业发展壮大的领导者、组织者和推动者，敢于担当、善于担当是职责所在，也是立身之本。“苟利社稷，生死以之”。企业领导者只有敢于担当，不畏艰难困苦的挑战，才能坚定不移、矢志不渝，排除干扰、守住阵地；才能真正做到权为员工所用、情为企业所系、利为集体所谋。领导没有担当的精神就失去了引领者的本色和责任，违背了企业领袖为企业为集体服务的宗旨。

在企业的发展中，每一个企业领袖都要勇于担当，做到事不避难、敢于担责。有担当的企业群体，是发展文化充满生机与活力的源泉。

责任意识是领袖的第一素质，是一种品德，更是一种能力，而且是其他所有能力的统帅与核心。评价一个企业、一个企业家是否优秀，最重要的是看其有没有责任心，有没有担当精神。

企业是市场经济的主角，企业家的首要责任是创造更好的产品、创造更多的就业岗位、创造更多的社会财富，担当发展之责；企业是社会创新的主体，企业家要不断开发新技术、新产品、新市场，创造新的生产组织形式、新的资源配置方式，担当创新之责；企业也是和谐社会的建设主体，企业家占用更多的社会资源，作为先富的群体，要致富思源、服务大众、回馈社会，担当反哺之责。

企业家的担当，就是绿叶对根的情意。有一种自然现象：凡是落叶的树木，生长一般比较快，原因之一是它“落红不是无情物，化作春泥更护花”，无私回馈土地，所以能在新一轮的生命周期中获取更多的养分。企业之于社会，如果像大树之于土壤，就会形成生命周期的良性循环，生生不息，世世不已。

追求利润最大化，是企业的本质使然，也是企业家的职责所在。企业只有日益强大、有竞争力、有赢利能力，才能不断增强对社会负责的能力。但一个优秀企业家，必定对产品负责，对环境负责，对社会负责。近年来，“三聚氰胺”、瘦肉精等不良事件频发，少数企业的短期与投机行为屡屡挑战法律道德底线，引发企业的诚信危机及公众对企业家责任的讨论和质疑。这种行为值得社会关注，也值得企业家群体深思。

在现实中，企业领袖敢于担当并不容易。从主观上说，有能力水平的问题，有道德境界的问题。认识能力欠缺、分析判断事物发展规律的能力或经验不足，使人没有能力担当；只考虑个人利益得失，避重就轻、搞短期行为、用转移注意力来处理难题，则是不愿意担当。从客观上看，与不敢触及矛盾，不敢批评人也有一定的关系。

领袖要敢于担当、善于担当，最主要的就是加强知识理论的学习和道德品质的修养。要做一个理想高远、视野广阔、胸怀大志的人，要做一个有知识、有能力、有才干的人，想担当而且善于担当，有敢于担当之胆之志，还有善于担当之识之能，真正担起企业的重托。

古人云："诚者天之道也，诚者人之道也，诚者商之道也。"诚实守信，对个人来说，是立身处世之本；对于企业来说，是生存发展的基石。一个不讲诚信、见利忘义的企业，可能逞一时之快，发点小财，但长远看，必然被市场淘汰，为社会唾弃，犹如失去滋养的鲜花，迟早凋零凋敝，随风而逝。

勇于担当，源于强烈的事业心、责任感。没有干事创业的崇高追求，没有昂扬向上的精神状态，没有舍身忘我的拼搏精神，事业是不可能成功的。大量事实表明，只有勇于担当、敢于作为的人，才能凝聚人心、鼓舞斗志，使工作难中求进、生机勃勃，不断开创新局面。

事实证明，一个勇于担当、重诺守信的企业家，能赢得更多的社会尊重，获得更多的社会资源，赢得更大的发展空间。把社会责任放在心上、扛在肩上，与人民同舟共济、融社会和谐共生，良好的企业文化又会有力推动企业发展，推动经济繁荣，推动社会进步。

构建促进中部崛起重要战略支点的历史使命在召唤，每一个有远见、有担当的企业家都应行动起来，担负起繁荣经济的发展之责，担负起企业文化的铸造之责，担负起和谐社会的建设之责。

对于企业领袖来讲，担当是一种责任，是一种义务，更是一种美德。担当需要责任感，敢于担当需要勇气，善于担当需要智慧。承担责任是迈向成功人生的基石。领袖只有主动承担责任，才华才能够更完美地展现，能力才能更快地提升，才能赢得下属的尊重。

五、勤俭节约是个人的美德，也是企业的美德

对于一个企业的领袖来讲，勤俭节约不仅仅是个人的美德，更是企业的美德。在企业的经营管理中，企业领袖勤俭节约的美德往往会影响管理层，影响到企业的每一个员工，进而形成一种企业文化。

在许多人眼里，日本企业领袖以及企业的形象总是和“精明”“小气”“斤斤计较”等形容词联系在一起。然而，人们在对日本企业的“抠门”颇有微词的同时，也不得不承认日本企业所具备的强大竞争力。可以说，正是因为节约，日本企业才走出了一条“经济型”发展道路。节约精神是日本企业抵御市场风险的“护身符”，是日本企业生财获利的“催化剂”，更是日本企业发展壮大的“加速器”。

日本三菱财团的创始人岩崎弥太郎一生非常俭朴，对公司的各项开支一点不浪费。他手下有一位很能干的管理者，名叫近藤廉平，曾受岩崎器重提拔。但有一次近藤廉平用公司的信笺写私，被岩崎发现后，岩崎立即把近藤的工资降低20%。他说：“我认为商才不足恃，说来最重要的最刻苦节俭4个字，不怕劳累，节俭经营，成功之日一定会到来。”三菱财团正是在岩崎这种开源节流的思想指导下，才发展为今天的企业巨人。

日本丰田的创始人丰田喜一郎也是一个勤劳节俭的人。也正是在企业领袖的带领下，企业一直朝着节约型企业之路不断地发展。在每一个丰田人眼中，任何环节存在着浪费都是不可以容忍的。丰田的精益生产正是源于丰田人的这种共识。在日本丰田汽车的内部，所有信件往来，都是用白纸条贴住原来写过的信封再接着用，这样一个信封可以用多次，节约了很多成本。可是，在一位总务秘书科的科员推动下，将这个小小的项目节省发挥到了极致。这位科员觉得用崭新的白

纸条贴用过的信封还是有点奢侈，于是寻思何不用电脑打字的废纸来替代崭新的白纸贴用过的信封呢？这个“抠门”科员的合理化建议当即被采用，谁也没有想到，这个小小的建议一年竟为丰田公司节约开支10万日元之多。

每年，在公司的运动场上举行盛大的运动会是必不可少的。赛跑需要用白线画出8条跑道，如果雇外面的人来画白线，虽省事却要破费170万日元。为了减少不必要的开销，公司车辆油漆部的员工本着节省原则，主动承担起跑道画线任务，仅需支付原料费6万日元就可。这一招，竟不动声色地省下了164万日元。

日本丰田汽车制造公司专管卫生的部门，仔仔细细地观察了公司所有卫生间的抽水马桶后，得出了这样一个结论，抽水马桶用水过于浪费。为了杜绝这一浪费，他们采用最原始的办法，在每一个抽水马桶的储水箱里放进三块砖头，从而出奇制胜地减少了出水量，节省了用水开支。从大的流程到小的细节，丰田都将节约的概念贯彻下去，并且由公司高层到底层员工不遗余力地贯彻执行，这是丰田不可阻挡的原因。

相对于很多中国的企业，日本企业更是注重对企业节约文化的培养。企业文化是企业的自我意识所构成的精神文化，同时也是社会文化的重要组成部分。可以说，“勤俭节约、以俭养富”的精神和严格的成本管理制度也是日本企业和日本经济迅速崛起、发展的一个不可缺少的重要因素。

无论公司是大是小，是富是穷，使用公物都要节省节俭，出差办事，也绝对不能铺张浪费。节约一分钱，等于为公司赚了一分钱。就像富兰克林说的：“注意小笔开支，小漏洞也能使大船沉没。”所以不该浪费的一分也不能浪费。我想要牢固树立员工“勤俭节约”的观念，建设节约型企业。

人是生产力中最活跃的因素，在知识经济时代，人也是企业的核心资本要素。企业要实现节支增效，根本的一条措施就是要抓好劳动力的集约化管理，追求低成本生产。具体来说，一是做好人员和机构的合理编制工作，实现人力资源的最佳整合配置；二是建立有效的节约激励机制和约束机制，完善内部奖惩制度，真正体现节约有奖、超支有罚，坚决杜绝“省与不省一个样、省多省少一个样”的大锅饭现象，调动起职工节支降耗的积极性；三是文化途径，就是创建节约型企业文化，从小事做起厉行节约。具体来讲应该要重点做好以下几个方面的工作：

一是宣传途径，就是加强理论宣传教育，使全体员工牢固树立节约意识，要大力宣传普及节约资源的各种知识，使广大职工自觉发扬自力更生、艰苦奋斗的优良传统，从节约一度电、一张纸、一滴水做起，堵塞每一个浪费漏洞，尽自己所能节约每一点能源，倡导节约型消费模式，让节约成为时尚。

二是管理途径，就是通过加强企业管理，特别是人和钱的管理来实现节约增效。抓住“人本管理”，提高工作效率。

细节决定成败，“天下大事必作于细”。企业领袖要积极创建节约型企业文化，引导职工从节约一滴水、一张纸、一度电、一分钱等小事入手，把节约体现在工作中的每一个细节中，形成人人讲节约、事事重节约、时时抓节约的良好风气。

领袖的优良个性特质与企业品质

一、用吃苦耐劳、敢打敢拼的个性感召企业员工

作为一个企业的核心以及企业精神的象征，企业领袖的个性往往决定着一个企业的发展前景。一般来讲，企业领袖身上的一些独有的个性特质

往往会影响到企业的团队乃至整个企业品质。特别是在企业发展初期，企业领袖的身上所具有的特性品质往往会决定企业的发展未来，领袖吃苦耐劳，敢打敢拼个性在企业的经营管理中会形成强有力的感召力，影响整个企业。

可以说，作为一个企业的领导者，能吃苦是事业发达的必备条件。正所谓吃得苦中苦，方为人上人。没有哪一个优秀的企业家是守着一片安逸地，财富就源源流进来的。综观国内外著名的企业家，可以说几乎每一个人都是把自己的心血与汗水用聪明的方法变成财富的。

正所谓，自古英雄多磨难，从来纨绔少伟男。身处逆境，领袖和凡人的区别就在于，领袖能吃苦耐劳，敢打敢拼，而凡人则选择了随波逐流，害怕付出而最终放弃。也正是企业领袖的这种敢于吃苦耐劳的特性感召了每一个企业员工，催促了企业前进。

在很多的时候，现在企业的竞争往往是企业领导决策以及领袖个性的竞争，一些在竞争中败了下来的企业往往是由于企业领导者的因素造成。

这些领导者并不是天生就比成功者差，而是在逆境或绝境中，成功者比失败者多坚持了一分钟，多走了一步路，多思考了一个问题。苦难是一架梯子，对于企业领袖来讲，困难是他们通向成功的殿堂。因为，他们敢打敢拼，在困难中历练自己的品行，同样也历练一个企业的品性。

被誉为“东方犹太人”的温州人，以企业领导者辈出而闻名。以私营经济为核心的“温州模式”曾创造了举世瞩目的温州经济奇迹。奇迹的后面是“白天当企业领导者、晚上睡地板”，温州商人是工作最辛苦的从业人员。长期研究温州经济的著名学者，温州大学经济学院教授马津龙曾经说：“温州私营企业主的工作时间最长，这一点毫无疑问。”他认为，正是“企业领导者”的角色定位决定了他们所面临的压力。这些企业的领袖虽然衣着光鲜，出入高消费场所，但在日益激烈的竞争环境下，他们不可能有任何懈怠。马津龙说，与过去相比，温州私营“企业领导者”们的“吃苦耐劳”的传统精神只是在表现形式上有所改变而已。他们不单要从事繁重的经营管理，还需要投入更多时间到公关、社交考察、学习等方面。从这个意义上讲，今天的温州企业领导者们更不轻松。看看南方一些著名民营企业领导者曾经所从事的职业，我们就可以想象他们曾经所受的磨难，所曾历经的艰苦。

正所谓的吃得苦中苦方为人上人。孟子的“故天将降大任于斯人也，必先苦其心志，劳其筋骨，饿其体肤……”就是对领袖的一个最好诠释。

二、善于发现，从企业的细微处防患于未然是领袖的特性

防微杜渐，善于发现问题是企业领袖的一个重要的品格。严格防范企业存在的风险，及时解决企业存在的问题也是领袖服务力的一个重要的表现之一。防患于未然，出自《周易·既济》：“君子以思患而豫防之。”其意识是发现问题，未雨绸缪。不可否认的是，一个企业的成长过程中，总是要经历和面对许许多多或大或小、或明显或隐蔽的问题，如果不能及时地寻找出工作中出现的各种问题，就会阻碍企业的发展。

在管理学上，有这样一个故事：

> 两只青蛙一起住在一个池塘里。在炎夏里，池水干了，它们只好到外地寻找住处。它们途中经过一口储满了水的深井。
>
> 一只青蛙看见了，对另一只说：“我们跳下去，住在这口井里吧，它可以供给我们住的地方和吃的食物！”另一只回答：“但是，如果这井里的水干了，我们如何跳出这样深的地方呢？”

另一只青蛙的想法无疑是对的。凡事只有经过深谋远虑，才能采取行动，切不可求一时之便，或被眼前的“繁荣”迷惑而放松了警惕。假如那两只青蛙跳进了井里，当井水干枯时，它们就只有死路一条。企业领袖在领导企业发展的时候应未雨绸缪：善于从细微处发现问题，防患于未然。

防患于未然不仅仅是企业领袖的品质也是一个企业的品质，而当企业的领导者把这种品质植入企业的时候，这样的企业往往富有竞争意识和强烈的危机感。

发现问题的能力是一切能力的核心。因为发现问题的能力本身就是一种善于学习的能力，是一种善于从已知中发现未知的创新能力。同样，发现并且解决问题是推进工作不断进步的动力，没有了问题也就没有了工作的动力和激情。没有激情的企业和员工也就没有了生命力和竞争力。企业的领袖就好比军队中的司令，只有自己的领导方式和能力得到认可，才有生存和发展的空间——对内要得到同事和下属的认可，对外要得到同行和竞争对手的认可。有了这个保障，企业领袖才能够免于企业复杂人际关系的侵扰而专注于工作，企业才能够业绩卓著，稳步发展。

所以，要想更好地解决这些形形色色的复杂问题，使企业得到更好的向前发展的机会，第一步要做的还是先发现这些不同类型的问题，因为发现问题就等于解决了问题的一半。而如何发现问题，这就要求领袖注重细节，在细微之处观察、思考。善于见微知著、以小见大，才能从中发现真正的问题。

作为企业的带头人，几乎每天都会遇到大大小小的问题。可以说，问题是无处不在的。要解决这些问题，首先要善于从细微处发现敏感性问题，这体现了管理者的用心和水平。就像高明的医生从病人的细微变化中探知病情一样，高明的领导者能从细节中预知工作未来的发展。细节事关工作的成败，体现的是水平，留心工作，工作才能上层次。话虽如此，要发现“溃堤”的小“蚁穴”，实在是一件十分困难的事情，需要中层管理者长期学习和锻炼，但也并非完全没有方法可循，这里有一些经验，可供参考。

1. 要树立积极的于细微处发现问题的思想意识

企业领导者要防患于未然、发现问题，先要具备一定水平的问题意识。没有问题意识的中层，就是我们平时所说的“事不关己，高高挂起”的一类人。这种人面对企业中存在的大小问题，都是秉持着“听而不闻、视而不见”的漠不关心的错误态度。公司领导者在工作中，假若不能正视潜在的问题，以明察秋毫的敏锐观察力去发现问题，就会使自己陷入永无休止的问题当中，这样的工作状态和环境，无论是对自己还是对别人都是有百害而无一利的。

麦当劳的总裁到各地连锁店检查工作，发现一些分店的经理每天一张报纸、一杯茶，无事可做，于是回到总公司后下令每家连锁店的经理在三天之内把办公椅的后靠背全部锯掉。经理们莫名其妙，暗自嘲笑总裁一定是疯了，却又不敢不遵照总裁的意思去做，因为三天后是要检查的。各位经理锯了椅背以后，再坐下来喝茶看报纸的时候，习惯性地往后一靠就要向后翻倒。坐着不舒服就得站起来到店里四处走走，结果走得越多，发现问题越多，解决问题越多，麦当劳的效益也就越来越好。

在企业的管理中，一些企业领导者缺乏问题意识和细节管理。其实，问题无处不在。一些领导者不是发现不了问题，而是缺乏发现问题的思想意识，缺乏细微处防患于未然的意识。树立积极的于细微处发现问题的思想意识，还意味着中层要时刻把握工作中重要的细微环节。例如，能否再降低成本、改善产品质量以及提高员工的工作效率，等等。研究成功人士的关注点，这是一个看似细微却至关重要的方面。了解他们的关注点，从这个微小的点出发，将非常有助于中层管理者发现更有价值的问题，更好地防患于未然。

领袖在领导企业发展的时候，特别是在各个领域、各个环节都要求防患于未然，预防为主，可以说，防患于未然是企业管理永恒的主题。具体来讲，主要从以下几方面入手。

（1）领袖要做好安全事故的预防管理

许多事故的发生并非祸从天降，而是隐患逐渐积累造成的，所谓“冰冻三尺，非一日之寒”。如果及时发现隐患，消除隐患，完全可以避免重大事故的发生。在事故发生前，常有许多有识之士提出安全建议和措施，可领导对忠告置若罔闻，结果失去了防患于未然的大好时机，酿成了大祸！一旦发生事故，则着力宣传抢险救灾的英雄事迹，从而淡化事故的原因及预防上的失策。这无疑是“曲突徙薪无恩泽”的现代版，对安全生产极为不利。

预防为主的方针谁都明白，可大多数人仅仅停留在口头上，所以，“曲突徙薪”的故事不断重演，悲剧天天在“温故而知新”。安全事故的预防，应从以下几方面着手：培养安全理念；提高安全管理技能；严格落实事故隐患排查治理责任，实行事故责任追究制。

（2）领袖质量问题的预防管理

许多质量问题，只要提前采取措施预防一下，付出少许代价甚至不用付出什么代价，就可以避免发生。很多企业领导十分重视预防质量问题，发了不少文件，提了不少口号，但现实情况是，许多质量问题往往发展到“亡羊”的地步才开始“补牢”。同样的悲剧不断发生，类似的弯路不断重复。发生质量问题，必然使企业蒙受经济上的损失，影响企业的信誉和形象。

由于质量问题的发生具有一定的偶然性和不确定性，要从根本上彻底杜绝是不可能的，但减少质量问题发生的概率则是完全可能的。大多数质量问题在发生之前都有先兆，是可以发现并采取措施加以防范的。发生质量问题的原因就是除了领导，关注质量问题的普通员工太少，无人提出并采取预防措施。

从根本上解决这一问题，只有进行制度和机制创新，建立一套科学有效的质量问题预防机制，调动员工发现质量问题的积极性，使员工主动地投入到预防质量问题的工作中。对主动发现潜在质量问题、提出有效预防措施，并成功避免发生质量问题的单位和个人进行奖励，对不重视质量问题预防，不采取必要防范措施而导致重大质量问题发生并造成损失的单位和个人进行处罚。

国际标准化组织颁布的ISO 9000质量管理和质量保证系列标准，实质就是通过对质量形成的全过程进行控制，变“事后把关”为“事前预防”，达到预防不合格品的目的。

（3）法律风险的预防管理

法律顾问与医生在职业上有异曲同工之妙。能够治疗未病之病的医生是高明的医生，能够提前预测法律风险并积极提出风险防范措施的法律顾问是高水平的法律顾问。过去，大多数企业将法律顾问的工作定位于应付法律纠纷上，企业法律顾问主要做“灭火队员”式的事后补救工作。这和病人在有疾病征兆时不治疗，到病魔缠身时慌忙求医一样，既增加了挽救成本，也加剧了无法治愈的风险。其实，法律的预防功能更重要，企业法律顾问应以事先防范为主，事后补救为辅，通过全面参与企业的经营管理，健全各项规章制度，保证企业依法决策、依法经营、依法管理，从源头上为企业规避法律风险。这就要求企业法律顾问必须是懂法律、懂经济又具有丰富的企业管理经验的复合型人才。企业要不断地强化法律风险防范意识，并建立相应的风险防范机制。

（4）人力资源风险的预防管理

人力资源既是一个企业成本的重要组成部分，又是为企业创造财富的根本源泉。人力资源的管理同样存在风险，具体表现为：

①闲置人员增加，导致工资成本在经营成本中的比重不断提高；

②低水平、低素质的管理队伍，使企业无法根据市场需求不断增长；

③高级职员“吃里爬外”而使企业陷入灭顶之灾；

④个别员工图谋不正当的利益而出卖企业商业机密，或抓住企业的某

些“隐私”恶意中伤，致使企业遭受经济上和商誉上的重大损失；等等。

如何防范人力资源管理的风险已成为现代企业管理的重要课题。首先应该认识到，高级岗位的经营者是企业成败的首要因素，也是人力资源风险管理的第一层对象，企业必须拥有一批高素质的中坚经营者。

2. 应重视对职工使用环节的管理

在聘用职工前，应先明确岗位要求，与职工的个性、经历和教育程度是否相符。在确定一个岗位报酬等级时，一定要考虑激励机制。

3. 不同的发展阶段，制订不同的人力资源规划

企业的发展是向前的，每个发展阶段都有其自身的特点，企业领导者应根据各个阶段的特点、需求来制订不同的人力资源规划。

4. 做好律法服务

应具备基本的法律知识，事先做好防范工作，一旦出现人力资源风险，可依法保护企业的正当权益。

企业人力资源部门应做好人力资源风险的预防工作，如制订企业中长期人才战略规划；定期进行市场薪酬水平调研，提供决策参考依据；通过持续的离职调查和分析，改善管理，保持团队稳定，预防关键人才流失；开展员工满意度调查，及时捕捉员工的思想动态和心理需求，从而采取针对性的应对措施，提高员工满意度；预测企业未来的人才需求类型和数量，提前招募或培训；做好后备干部的选拔、考察、培养，做好人才储备；加强劳动合同管理，完善人力资源规章制度，预防劳动争议的发生；等等。

人力资源风险对企业的打击有时是致命的，因此，必须加强人力资源风险的预防管理，采取措施尽量避免发生人力资源风险，并制订风险预案，一旦发生风险，将企业的损失降低到最低限度。

5. 成本的事前管理

成本的事前管理，从广义上讲，是在项目筹划、产品设计、项目建设、老项目改造、新项目开发、厂房扩建改建时，提出多种可行性方案，并进行成本预测和方案选优，选择实施预计产品成本尽可能低于社会平均成本的最佳方案。

企业应当把影响成本的决定性因素——项目的投资及生产规模、厂址选择、设备选型、产品设计等控制住，否则产品成本“先天不足”，即使事中控制抓得再好，也只能在细枝末节上做些弥补，无法改变已成事实。因此，企业必须建立一套行之有效的成本控制管理体系，建立从项目可行性研究到项目的立项决策，从产品设计、项目建设到产品制造、销售等各个环节的全过程、全面、全员成本控制网络。

项目建成投产后，除围绕降低成本的目的进行技术改造外，成本管理的主要工作就是对生产经营中的成本进行管理，包括事前管理、事中管理、事后管理。这里讲成本的事前管理，是狭义的概念，是在成本形成之前，依据企业生产经营状况，运用科学的方法，进行成本指标的测算，编制成本计划，作为降低成本的目标和日常控制成本开支的依据。对生产经营中的成本进行事前管理也十分重要。

6. 设备的预防管理

设备的预防管理包括两层含义，一是就设备寿命周期来说的预防管理，即广义的设备预防管理；二是就设备使用过程中的预防管理，即狭义的设备预防管理。

设备的寿命周期，是从计划、设计、制造、购置、安装、调试、验收、使用、维护、修理、更新、改造直至报废的全过程。设备的管理不仅仅是使用、维护，验收前的管理更重要，因为如果设备的设计制造存在缺陷或者安装质量不合格，即使使用中维护再好、修理再好，甚至进行改造，对消耗的降低、设备综合效率的提高所起的作用也是有限的。广义的设备预防管理要求以设备的寿命周期作为设备管理的对象，力求设备在一生中消耗的费用最少，设备综合效率最高；设备的设计和制造应以系统论的观点，力求在使用中达到准确、安全、可靠，便于检查与修理，使设备达到较高的利用率。

狭义的设备预防管理，即设备的预防性修理，就是通过日常检查、定期检查、精度检查，准确掌握设备的实际技术状况，在设备发生故障前有计划地进行修理，从而避免因设备故障影响生产而造成重大损失。在企业管理的其他方面，同样要求防患于未然，在此不再一一论述。

总之，企业的各级领导者，要牢固树立防患于未然的意识，在工作中做好前瞻性预测，在事前采取相应的防范措施，避免小隐患酿成大灾祸。

三、勤于动脑、谨慎动手是领袖的品性之一

领袖是企业团队的智慧的核心。领袖企业团队的一切，他们的一举一动往往会影响整个公司的决策以及执行。伟大的领袖与普通的企业领导的区别在于，在企业的经营与管理中往往善于动脑，不过，他们在执行中却会变得非常的谨慎。可以说勤于动脑，谨慎动手是领袖的品性之一。

俗话说：一着好棋，全局皆活。在一个企业的发展中，决策是牵一发而动全身的大问题，是全局工作成功的关键，也是一个企业领袖的基本内容。一般来讲，我们衡量一个企业领导者的能力与水平，主要是看他的决策水平和能力，以及由此取得的业绩和效能。如何在领导实践中运用科学的决策方法，把好科学决策关，是企业领导们应该学习并掌握的知识和技能，这项技能决定着企业的发展速度和发展方向。

领导者科学决策的能力，取决于领导者本身决策水平的高低，取决于自身的素质。为了提高科学决策水平，领导者们要有不断创新的进取精神，要有渊博的学识和丰富的经验，要有缜密新颖的思维方式，还要有当机立断的魄力，这样才能多谋善断，准确抉择。那么，怎样才能躲开盲目自信的怪圈，制订出科学可行的决策呢？

1. 明确问题，确立目标

这是决策活动的起点，是决策过程的第一大步骤。准确的决策目标是科学决策的首要标准，而决策目标又是根据问题来确定的，因而弄清问题又是确立决策目标的基本前提。

2. 集思广益，拟订方案

拟订的方案是准备提供给领导者最终抉择的，因此又称为备选方案，它的数量和质量直接决定着最终的决策结果。简单的决策问题，可以直接设想几个备选方案。而较为复杂的决策问题，通常可以分两步走，第一步是轮廓设想，第二步是细部设计。轮廓设想阶段需要大胆的创新精神和丰富的想象力，细部设计阶段则需要求实的精神、冷静的分析和严格细致的论证。

3. 分析评估，选择方案

这是决策过程的关键步骤。对方案进行准确的评估和选择，一是要有合理的评选标准，二是要有科学的评选方法。

实施方案，完善决策。这是决策过程的最后一个环节。在实施阶段主要应做好以下几个方面的工作：

（1）编制实施计划，把决策具体化；

（2）组织实施力量，保证决策方案的实现；

（3）落实实施责任，建立严格责任制；

（4）建立反馈系统，及时检查、发现决策方案实施中的问题；

（5）纠正决策偏差，必要时进行决策修正或追踪决策。

此外，在现代决策体制中，智囊团具有重要的地位和作用。充分发挥智囊团的作用，是领导者进行科学决策的重要保证。智囊团在决策中的作用，就是填补领导职责与其能力的差距，充当领导的“外脑”。在现代社会复杂多变的条件下，即使是最称职的领导者，也无法完全单独进行决策，而必须依靠智囊团，才能进行科学决策。领导者与智囊团的关系是

“多谋”与“善断”的关系，二者相辅相成而不能相互取代。两者应各负其责，相互补充，相互配合，共同保证决策的科学性。

总之，作为企业的领袖勤于动脑，谨慎动手也是一种品性。在企业的经营管理中，领袖是企业的核心与未来，领袖的智慧决定企业的未来。

四、韧性、耐心和毅力成就领袖个人，也成就企业

领袖之所以为领袖是因为他们具备着常人所没有的能力以及领袖的性格和个性。领袖往往具备着很强的韧性、耐性以及毅力。也正是这些性格特点成就了一个超凡脱俗的企业领袖的形象，也成就了一个企业。

韧性是很多企业领袖所具有的性格特性。从物理学上来讲，韧性是指物体受外力作用时，虽然变形而不易折断的性质。而在人的性格上韧性往往是指人顽强持久的精神。综观身边的商业领袖我们不难发现这些人往往具备着这样的特性。

1991 年 4 月，巨人总裁史玉柱带着汉卡软件和 100 多名员工来到珠海，注册成立珠海巨人新技术公司（巨人集团的前身）。为了迅速打开市场，建立起庞大的营销网络，史玉柱又做了一次大胆的豪赌——向全国各地的电脑销售商发出邀请，只要订购 10 块巨人汉卡，史玉柱为他们报销路费，让他们前来参加珠海巨人汉卡的全国订货会。史玉柱以几十万元的代价，吸引了全国 200 多家大大小小的软件经销商，这些经销商不但订了货，还组成了巨人汉卡的营销网络。有了这样一张庞大的销售网络，史玉柱的事业如虎添翼。1991 年，巨人汉卡的销量一跃成为全国同类产品之首，公司获纯利 1000 多万元。1992 年，巨人集团的资本超过 1 亿元，史玉柱本人也被罩上各种各样的光环。后来由于资金链条断裂的原因，这位巨人的领袖倒了下来。

这对于正处在事业顶端的史玉柱来讲是一个巨大的打击，然而史

玉柱并没有彻底地失去奋斗的希望。强大的韧性让史玉柱重新加入了商海的混战中，并取得非常大的成功，成就了今天的巨人。

正是韧性、耐性与毅力让很多领袖从商海的失败中走了出来。每一个领袖都有自己的理想和目标，在追求理想和目标的过程中，总会有挫折，遭遇困难，越是在这时就越需要有“不屈不挠的韧性，不骄不躁的耐性，坚持到底的毅力”。古往今来，凡成就大事的人，都具备了这种品格。春秋战国末期，秦国“左丞相”李斯，在追求显赫富贵的坎坷经历中，看到了他的韧性、耐性和毅力。

李斯原是楚国上蔡人，家境贫寒。年轻时曾任掌管乡里文书的小吏，李斯老是在捉摸人生的意义和道理。一次他查看粮仓里的粮食，戛然门开，只见硕大的老鼠在津津有味地嚼吃仓里的粮食，尽管人来人往，也安然自在，从容不迫地毫无惧怕之心。看着这些悠闲之鼠，李斯不由得想起了茅厕里的老鼠，那些鼠辈吃点臭不可闻的粪便，还是偷偷摸摸，提心吊胆，人犬一动即惊恐不已，匆匆窜往暗处，而粮仓里的老鼠却养尊处优，无人犬之扰。同样是鼠，生活却截然不同，这当然是环境不同所致。由鼠联想到人，李斯情不自禁地感慨道：“人的富贵显赫与贫贱卑微，就像老鼠一样，不过是所处的环境不同啊！”他已经从动物之性，觉悟到人的富贵贫贱，是处境、地位不同而决定的。他认为卑贱是人生最大的耻辱，贫穷则是人生最大的悲哀。他不愿听任卑贱带给自己的耻辱，更不想因贫穷使自己堕入悲惨境地，决心在激烈竞争的时代一逞才华，彻底改变自己的地位。于是他辞掉乡间文书小吏的职务，背井离乡，到著名思想家荀况那里学习“帝王之术”。

李斯通过几年的刻苦学习，终于学有所成，他看到东部六国均已走向衰落而秦国却日益强盛，又风闻秦国之君素来善于用贤识能，便决定离开楚国，到秦国去施展才华，打开通向富贵之门。楚国是现在的江苏一代，秦国是现在的陕西（长安），当时他徒步行走，一路风餐露宿，历尽艰辛。一天遭遇暴风雪，大雪封路，方向难变，随身带的食物已尽，他靠着坚韧不拔的毅力，行走尽一年时间终于到达长安。李斯到秦国后，正值秦庄王已死，继位的秦王即秦始皇年幼，相国吕不韦执掌国政。李斯就通过各种关系介绍到吕不韦门下，充当其门客。吕不韦很赏识李斯，不久就封他做郎官、侍从、护秦王政。从此李斯常常暗中观察秦王，研究他的性格，揣摩他的心理，寻找游说秦王的机会。

有一次秦始皇在苦思消灭六国、统一中国的谋略时，李斯走向了秦王进言，有理有据地分析当时中国的现状，提出了“抓住时机，利用秦国强它国弱的特点，各个击破的战略”。连胜六国，统一了中国，李斯深刻的见识和雄辩的侃侃之论，使秦王深为敬服。秦王凭着高度的政治敏感，意识到李斯是一个极为难得的人才，于是马上拜李斯为长史。

从此以后，李斯在秦国官运亨通，拥有了梦寐以求的荣华富贵。当然李斯的高官厚禄，深含着秦王的知人善任，更重要的是李斯本人的坚忍、耐心和毅力。

坚忍、耐心和毅力的性格特性本身就是领袖应具有的特性，而这些特性往往使一个凡人成长成一个顶天立地的领袖，而这些性格特性也往往应会成就一个人的事业。坚忍、耐心和毅力的性格特性可能会使一个平凡的员工变成一个伟大的企业领袖，同样，领袖的这些性格特性也会成就一个企业。

五、厚重沉稳——中国式的领袖，中国式的企业

中国式的领袖具备着厚重沉稳的特性。综观这些领袖他们的共同特点

是：内向、低调、坚忍、平和，甚至动机混杂。著名领导力专家谭小芳老师认为，沉静领导具有3大品格特征：低调、克制、谦虚和执着。低调、沉静的领导之道，与我们传统的东方处世哲学很相近，令国内企业领导者所思：这是不是管理思想的返璞归真。

一位卓越的企业领导者，不见得必须是叱咤风云的领导大腕。沉着的领导者纷纷用实力证明：不必大声喧哗，也能让世人看见卓越。艾森豪威尔曾引用拿破仑的一句话来为“领导”下注脚：“领导就是当你身边的人忙得发疯，又或者变得歇斯底里的时候，你仍然能沉着和正常地工作。”

1. 沉着领导，必先修身

领导的思想道德、个人品质方面必须要达到一定的标准和水平，领导者培养自己的性格和品行就是自我修养，孔子一生不懈地教化民众，要人们修身、齐家、治国、平天下。修身为第一要素。概括地说，一个有修养的领导，不仅要具备科学的思想，还要有高尚的道德品质和个性品格。这个修养，其实就是领导者沉着的基础和前提，凡是遇事沉着的领导者，必定都有良好的修养。而沉着冷静的领导个性之所以重要，是因为它会影响着整个团队的情绪和风格。有了这个修养“垫底”，这样的领导自然——大气稳重，不卑不亢，能表现出企业领导的风范。

2. 沉稳领导力八步走面对危机

危机发生时整个企业都会处于混乱之中，在紧急关头一把手就是所有员工关注的焦点。一把手的作为不作为也会直接影响员工的士气与行为，可以说一把手的行为就是员工的直接表率。如果一把手在危机来临时显得不够冷静不能沉着应对或者逃避不能承担应有的责任，那么整个企业会陷入更加混乱的局面，因此“沉着领导力”就成了危机管理中领导人最应该具备的素质。

3. 保持谦逊，尊重每一个员工

相较于重视行动、速度、竞争和魄力等外向性格的领导者，沉静领导者懂得采用细小、谨慎的步骤来解决复杂的问题。沉静领导者从来就不是镁光灯前的媒体宠儿，也没有传统英雄式的鲜明形象与领袖魅力；面对危机时，他们或许不像“伟大领导人”那般以戏剧化的方式力挽狂澜，却能凭借着脚踏实地的苦干精神，审慎、妥善地处理所有问题。沉静领导者还会时时保持谦逊，尊重并关怀组织中每一个成员的需求。

4. 沉着冷静的智慧言辞

智慧的言辞最利于表现领导者的成熟和老练。领导者的成熟和老练不同于油滑，它是领导者沉着冷静、才思敏捷和富于经验的代名词，在谭老师看来，体现这种沉着冷静、才思敏捷和富于经验的最主要的形式便是富于智慧的言谈。有人在表达一种思想或揭露一场骗局时，言简意赅、语言犀利、切中要害，以致令对手语塞，甘拜下风；有人善于机敏巧妙地回答任何难题，既应对自如，又无懈可击，如此等等，均可在很大程度上表现出他们的成熟和老练。

5. 掌握风险规律，应对惊涛骇浪

常言道，任凭风浪起，稳坐钓鱼船。稳坐的前提就是要做到心里有数，对风浪的规律与危险有一定的了解，对如何应付、过渡有一定的办法。有恃才能无恐，否则，就很难坐得稳。谋略与能力犹如冷静的双脚，领导者只有借助它的作用，才能迈开理智的步伐走遍天涯海角。

实践经验证明，办法越高明，领导水平越出色，往往越能沉着对付险情与乱势，哪怕是“惊涛骇浪”也会等闲视之。在关键、紧要时刻，许多领导者就主要靠自己的充分准备而表现出临危不惧，履险如平地。在竞争的环境下，能否善断时机就如同与时间赛跑，谁领先谁就是胜利者。

6. 冷静的领导者才能当机立断

在现今社会，社会节奏不断加快，科技、经济发展瞬息万变，很多问题的处理、解决有时不亚于“沙场秋点兵”。时机一旦出现，要求领导者必须及时作出反应，果断利用，才能取得成功。有时候留给领导者“拍板”的时间甚至只有几分、几秒。几次“滴答”声后，必须作出决定，不然就可能功亏一篑，甚至大灾临头。那么在如此紧张、严峻的情况下，决策者如何才能得知时机是否到来，看得出，抓得住它们，当机立断地作出抉择、付诸行动呢？

7. 作出决策以后，就要坚持到底

干任何事业，决策之后很可能会碰到许多不曾想到的困难，特别是在竞争激烈发展迅速的现代社会。这时候，敢于坚持自己的决策是首要的，事业的未来及成功，也在于意志的坚定与百折不回，这一点对于领导来说尤其重要。其实时机从来不是抽象的，它总是和坚决行动联系在一起。离开了行动，时机根本毫无意义。人们从事同一活动，在同样的条件下，是否全力以赴，结果是不相同的。所以，领导者作出决策以后，一定要坚持到底。

在企业的经营管理中，沉稳领导力意味着，领导人遇到事情的时候，不要急忙地决策，先表现出泰山崩于前而面不改色的从容，自己心态笃定了，下属才能有主心骨，否则，你在慌乱中的决策，很可能会给你以后的管理，带来一定的危机。在企业的经营管理中有什么样的领导就有什么样的企业，一个厚重沉稳的企业领袖，能带出一个厚重沉稳的企业。

六、领袖不拘小节，大事原则，小事糊涂

对于一个企业来讲，领袖的服务力不是表现在一些小事情的把关上，而是企业未来发展的重大决策上。因此，作为企业领导者一定要不拘小节，懂得在大事原则小事糊涂。这样才能更加全面地释放自己的领袖力。

不可否认的是，领袖是一个企业的核心。领袖的核心主要体现在领导决策上，不是在企业琐事的凡事必躬。如果一个企业领导者对于企业的每一件事情都要去细问，那往往是得不偿失。

一位广东朋友是地道“监工忙”老总。他每日早早就去公司，非常勤勉，但最主要的目的是监督自己的员工，看他们是否按时上班，工作中是不是按他的想法和思路工作。他几乎关心公司的所有事情，无论大小，而一旦发现下属出了纰漏或者不合他的心意，他就立即暴跳如雷，将员工痛斥一番，并且施以严厉的处罚。久而久之，员工变得沉默了，他们加班加点，没有任何怨言地工作，老总，已经习以为常，丝毫不觉得有什么反常。可越是如此，他越是对员工不放心，越是担心工作不能高效完成，越是担心员工故意怠工拖拉。这样偏执下去，后来就发展成他到公司去，什么也不做，就是看住员工。

不可否认的是，上面企业的老总扮演一个角色——警察，一位想要看住自己的员工，因为太在意所要看住的东西，反而使自己成了被看对象的囚徒。其实，作为企业的领导者这样，管理员工是不理性的。一个真正的领袖应该懂得放权。领袖与一般领导的最大区别是，领袖在企业的经营与管理中，不拘小节，大事原则小事糊涂。

万科公司的股票，正如其董事长王石登山一样，越来越高。这样一家中国房地产龙头企业的企业领导者，应该把大部分时间用来搞营销、拿地，或者像某位外企高管一样，和省长喝酒。王石没有，他一年中有近1/3的时间在外登山、跳伞，玩极限运动等。在三年时间内，他顺利攀登上世界七大洲的最高峰，在中国登山界取得如此成就的仅有四人。

作为“潇洒型”领袖，王石可以不陪客户吃饭喝酒，因为他指派了更熟悉此道的下属去做；他不用时时看公司的这个表格那个报告，因为有更合适的人替他做这些；他也不用天天关注自己企业的管理经营情况，因为有专门的经营管理人才负责这些工作。王石管理企业的方式，既不是自己拖着企业走，也不是自己被企业拉着跑，而是自己引导企业向着既定的方向前行。他做的只是在登山、跳伞闲暇之余，静下心来，好好思考企业下一步该往哪里走，现在市场出现了什么新变化等战略性问题。王石不是什么财富排行榜上的中国富豪，但他经营的万科却是中国最成功的企业之一。

现代企业的两大核心竞争能力在于组织能力和战略规划。其中，组织能力是由企业的管理所决定的。如果一个管理者不懂得管理，他就永远不会发现问题的关键，可能会一次次地延续错误的方法，这样的企业难以成功。管理决定于领导者，而真正的领导者，不一定自己能力有多强，但是要懂信任、懂放权、懂珍惜，要超越具体事务的管理，从大处着眼，全盘运作，能够运用比自己更强的力量。

在现实的企业经营管理中，很多的企业领袖有着与生俱来的领导才能，还有着杰出的协作能力。企业管理领域的“懒蚂蚁”理论中，所谓“懒蚂蚁”就是那些日常看似懒惰，实际上是对新的食物进行不停探索，保证群体不断得到新的食物，能在重大关头、困难时刻发挥重大作用的带头人。

一些企业的领导者，“懒”并不是懒惰、不思进取，而是从忙碌的杂务与具体事务中解脱出来，有时间去思考，有精力去探索，勤于思考而“懒”于动手。

而那些一般意义上的管理者，只强调实践出真知，突出工作经验的总结、事必躬亲、不懂得调动下属能动性、自己埋头苦干却没有良好效果，的确非常忙碌，甚至忙得昏头昏脑，这样的领导者，不懂管理。就是那句老话“会者不忙，忙者不会”。某些企业的领导者，不谙管理的真谛，整日忙于本不应其出面处理的琐碎事务，而人的精力则是有限的，自然常常觉得心有余而力不足，折磨了自己，耽误了时机，降低了效率。而成功的企业领导者，对管理有清醒全面的认识：“管”是控制、监督，“理”是指导、服务，“管”少“理”多才能成功管理企业。

那么，领导者应该“忙”在哪些关键点？毋庸置疑，一个组织的生存与发展最终需要去思考、去判断、去决策、去创造。作为决策者和掌舵人的领导者要思考、判断、决策、创造。所以要把精力与时间更多地用于思考，用来为企业寻找发展的出路，至少要把80%的精力放在20%的关键事务上才能成功。

以生产石化产品ABS而位居全球行业第一的台湾奇美的董事长许文龙认为，作为领导者，只做该做的事，其他的交给别人去做。因此，公司内大大小小的事情，他几乎全部授权下属去做，他所做的是思考公司的发展方向和重大决策。这样的领导方式很有效，该公司产品曾以品质高、价格低而掀起石化业的一场革命，令美国和日本的同行们都敬畏三分。

领导者的管理之妙，就在于“管头管脚”，也就是管大事，而不是“从头管到脚”，拘泥于细节。如果管得过多，领导者就会疲于奔命，根本没有精力去抓重要环节，理所当然工作实效不佳；管得过多，会让下属无法施展自己的才能，创造性和积极性都会被抑制，养成不思进取、不动脑筋的坏习惯，让企业缺乏活力。

领导者既然不被具体事务缠绕于身，必然就会在小事上犯糊涂，不拘泥于细节，但在大事上还是要做到原则分明、毫不含糊。

“懒蚂蚁”型企业家是真正懂管理的企业家。他们懂得将更多的精力放在战略决策等大事上，绝不对企业所有的管理事务不分主次地事必躬亲、不论巨细地亲自动手。他们的基本职责就是抓大事、想未来；他所解决的是事关企业生死存亡的根本问题；他所为之倾尽全力的是如何领导企业同心同德实现未来的宏伟目标。在小事上他应该糊涂，甚至小事最好都不知道，因为下属已经在长期的合作中，明白什么样的事情要去请示他，什么样的事情压根就不必让他知道。

“懒蚂蚁”企业家是富有智慧、富有思想的。他们不断学习，通过对各种新知识、新理念、新观念的学习，保持思路开阔、思想常新，不断创新，引导企业发展；在企业经营中讲究诚信与道德，以灵活多变的思路挑战市场，赢得市场。

七、领袖的热情是企业取之不尽的前进动力

在企业的经营和管理中，企业领袖的热情关乎员工乃至企业的活力。可以说，对于一个企业来讲，企业领袖的热情是企业取之不尽的前进动力。松下幸之助常常对处在各个岗位上的负责人这样讲：

“在你的部门，有种类繁多的工作。那么多的工作，即使你是部长，你也不可能是神仙，不可能什么都会做。甚至有时候就某一项工作来说，你的部下更有才能；在别的什么方面，他比你更了不起。所以，你作为负责人、领导者，不是每个方面或在专业技术下都能指导的。然而，由于你处在领导的地位上，你还必须领导，必须管理。在这种情况下，什么是重要的？那就是对你所在部门的经营要比谁都更有热心，不能亚于任何人。知识、才能不及别人是可以的，因为优秀的人才很多。不及人家是常有的事，但是，做好此项工作的热情你该是最高的。这样大家就会行动起来。如果不具备这一点，做部长就不合格了。

“作为位居他人之上的指导者，我认为其中最重要的一点就是热情。当然，作为位居他人之上的人，如果一切都优于他人的话，不用说这是不可挑剔的。既有知识，又有本领，还有才能，且人格又好的人当然是最理想的，但是实际上这种一切都很出众的人大概还不会有。就拿我本身来说，在其他方面也都像我说的那样，学问啦，知识啦，都没有多少，在这一点上不但说不上最高，倒可以说是处在最低的状态，再加上身体不好，在这一点上差不多劣于所有部下。不管怎样，作为社长和会长，位居大多数人之上，我对事业上的热情不亚于

任何人，能够让每一个人都发挥出所具有的力量，所以我能够长期胜任重要的职务，我常常想经营这家商店、这家公司，自己一定要比任何人都有热情，这一点是重要的事。正因为我有这种热情，会员们也就产生‘他像父亲那样热心于公司，我们又有什么理由不好好干’的情感。然而，即使有智慧、才华上远远优于他人的头脑，在经营商店、公司时没有热情，那么在其手下的人们恐怕就很难产生‘在这个人的领导下使劲儿干’的情绪。这样一来，难得的智慧和才华也就完全等于零了。还是这样，在其他方面哪怕什么也不具备，但是对于经营的热情必须要保持。如若这样，即使自己什么也没有，部下也会有智慧的出智慧，有力量的出力量，有才华的出才华，各自都会合作。

“特别是最近，公司在飞速地进步，技术上的事可谓日新月异，还不断地有一些新的难题产生出来，就经营而言，大量使用电子计算机等进行复杂的分析已成为必需。对于我来说，不是轻而易举就能够理解这种高超的问题的，在某种程度上讲，甚至完全不懂也是实际情况。不仅是我，一般的人要明确地了解那些专业性的东西也是十分困难的。这样一来，站在他人之上开展工作是非常不可靠的。但我觉得没有担心的必要，因为有通晓各专业的人，大家都会去做。

“所以，可以说只掌握一知半解的知识没关系，而需要担心的是，自己是否有经营公司和干工作的热情。如果没有这种热情，人们就会各自离去，即使不离去，我想他们为公司、为工作耐心地提供自己的聪明才智的情绪也会渐渐地淡薄下来。如果出现那种情况就糟了，所以，负责人、领导者必须经常地自问自答这些问题。如果是十个人的科长，在这十个人中自己是否最有热情，如果是百人的部长，或者是一万人的大公司的总经理，在这百人当中或者万人当中，自己对经营方面的热情是不是最高的？如果你自信是最高的话，那么你表面上哪怕像玩一样，也可以充分发挥大家的作用，而完全尽到责任。但是，如果对这个问题总是含含糊糊的话，那么，你还必须去培养这种热情。如果缺乏热情，认真地说，这个人恐怕就不能不离开负责人的地位了。”

作为团队的领导者，我们没有办法改变控制周围的客观环境，但是我们可以尝试改变对身边人和自己工作的态度，以激励团队更有创造力地思考和工作。

敢于承担责任是领袖最有力的道德力量

一、责任是领袖形成感召力的基石

责任是一种道德也是一种力量。一个民族需要有责任感，否则这个民族就是可悲的；一个企业需要有责任意识，否则这个企业就是可怜的；一个领导者也需要有责任心，否则这个领导者就是可耻的，是没有办法干好任何事情的。因为责任是成就一个领袖形成感召力的基石。

在社会上生活，我们每个人都在扮演着不同的角色，而每一个角色又含有不同的人生意义，肩负着不同的责任。领导也好，下属也罢，只有能充分承担责任的人才能演绎好自己的人生角色。对一个人而言，责任是可以让人在成功的兴奋中冷静下来的镇静剂，也是可以让人在困难面前不屈服的兴奋剂；责任让人懂得面对绝望时不放弃，面对机遇时也不自满；责任是人一生中最重要的朋友，是每一个希望获得成功的人的人生基点。对一个好的领导者而言，责任就是他成就和完善自己的翅膀。修正药业股份公司董事长修涞贵就是一个敢于承担责任的好领导。这一点从他做药业的口号“做良心药，做放心药”中就能看出一二来。

1954年出生，毕业于吉林大学法律系的修涞贵，于1995年承包了一个固定资产25万元、负债却高达400万元的制药厂，经过近十年的努力，“修正药业”成为吉林省最大的制药企业及中国著名的中药生产商之一，总资产达到了16.7亿元，并形成了非处方药、保健品、医疗服务和国际贸易的经营平台。2000年2月在吉林省同行业中率先通过GMP认证，企业已发展成为集科研、生产、营销于一体的大型现代化股份制制药企业，是吉林省制药行业的龙头。修涞贵在“2007年胡润百富榜”中，以55亿元的资产成为吉林省首富。

“2009年胡润百富榜”上修涞贵排名第98位。修涞贵的领导格言是：“药要有良心，人更要有良心；做药要负起对患者的责任，管企业要负起领导者的责任。我取得的成绩越大，我的责任就越多，这是社会发展的必然要求，所以在修正，不需要没有责任感的人!”领导这个职位本身就意味着责任，地位越高，权力越大，责任也就越重。如果把领导的工作比喻成一座建筑，那么责任对于领导者而言就是这座建筑物的基石，没有了它，领导者成功的高楼大厦就不可能建成。卡内基说过：“这个世界上有两种人绝对不会成功，一种是除非别人要求他，否则他绝对不会主动做事的人；另一种就是思想里没有责任观念的人。”

海信集团的周厚健也是这样的一个领导。他曾不止一次地说过：“对于企业管理人员而言，责任心比事业心更重要……当干部就没有休息日，想有休息日就别当干部。”为了那份当领导的责任，周厚健放弃了所有的节假日，每天累得一挨枕头就睡着了。

现代社会，谁没有责任感，谁就没有将来的发展，因为责任才是发展的基础，是做人的必备条件，是领导者顺利领导下属工作的基石。没有了它，下属就没有安全感，所有的理想都只能是空中楼阁——可望而不可即。由此可见，一个领导者要在工作中得到更高的提升，那么他首先就应该是一个有责任感的人。

对一个企业领袖而言，无论何时何事，责任都是保证追求更高发展、走得更久更远的基点。只有自己先具有强烈的责任感，才能一级抓一级，在下属的面前树立好的榜样，才能将整个团队的责任感层层落实到位，也才能让每个下属都具有责任心。

二、领袖的责任感是下属的定心丸

一个企业如果有很好的战略和前景，那就意味着这个企业是一个有希望的企业；但是如果缺少一个负责任的领导带领大家去贯彻，没有强烈的责任心带着大家去严格实施，那么这个企业战略再好，前景再好也只不过是一堆泡影而已。只有具有责任心的领导，才能得到下属的信任和重视，才能让下属可以安心依靠。

一个久经商场的领导说："只有善尽责任才能为自己带来良好的印象，因为作为企业来说是有社会责任的。如果领导者的形象不好、影响恶劣，那么下属在社会上就会觉得很没有面子，即使你给他们的薪资再高、待遇再好，那些有责任感的下属依然会觉得自己的脸上'无光'，他们也不会长久地干下去，因为在他们的心目中，一个没有责任感的领导是不会对自己负责任的，如果有什么事情出现，自己会是第一个遭到领导抛弃的人，这样怎么会有安全感呢？这样直接的后果就是领导者想留人也留不住，下属迟早会心生恐惧而走掉。所以说，领导者唯有善尽责任，才能塑造良好的形象。"

那么领导者如何才能塑造出良好的领导形象呢？必须担负起自己的责任。许多领导者在这方面做得就很好，他们尽自己的能力为公共事业作出了贡献，不仅赢得了社会的认可，更赢得了下属的尊敬。因为在下属看来，领导者和自己是"一家"，如果领导者对"外人"都能够承担责任，那么对"家里人"就更不用说了，这种发自内心的安全感就会促使下属做好自己的工作，因为在他们的心目中，跟着这样一个有责任心的领导工作，一定也能让自己在安稳的环境中实现自己的价值。

英国前首相威尔逊就是如此。

一次，威尔逊面对上千人进行演讲，正当他讲到兴头上时，突然飞过来一个鸡蛋，正中他的右脸。这种事情对于一位首相来说，简直是奇耻大辱。可后来的发展却出乎人们的意料。当下属告诉威尔逊是一个小孩扔的鸡蛋时，他马上命令他们把孩子放了，并对现场观众说："在别人的错误中发现自己的责任，这就是我的人生哲学。这个小朋友用鸡蛋打我的确是不礼貌的行为，但是身为大英帝国的首相，我有责任发现那些在某些方面有特长的人才，并为国家做好人才储备。这个小朋友虽然行为不对，但是他能从那么远的地方把鸡蛋扔过来，而且正中目标，看来他是一个未来的体育明星。我要把他的名字记下来，以便培养他成为国家优秀的运动员，为国效力。"说完这番话，人群中爆发出了经久不息的掌声，威尔逊也因此获得了民众的有力支持。

一个人承担的责任越多、越大，他的作用和地位也就越大、越重要。因为只有一个富有责任心的人才会给大家带来利益和安全感，才会让人感觉可以依靠和信任。一个好的领导，一定是那个最大限度地承担自己责任的人，在他的口中永远没有"其实我没什么责任"或者"根本就不是我的责任"这样的话，因为他们明白，自己的责任心才是下属信任自己、安心工作的前提。也正是因为他们强烈的责任感，所以才从容不惧，才会给工作带来保证，给自己带来无尽的财富。

三、领袖担当在前，推卸在后

作为一名企业的领袖，当问题出现时，如果不站出来勇敢地说："是我的责任！"而是一味推卸，这是任何一个企业都不允许的。企业需要冲锋在前，逃跑在后的领导。只有在工作时勇往直前，当工作出现问题时，敢于出面承认自己的过失、承担责任的领导，才能获得企业的认同。

事实上，一个团队发展目标能否实现，很大程度上取决于领导者的责任意识和处理责任时的方法与手段。一个优秀的领导者，会主动出面承担因下属犯下的错误而带来的责任，给下属足够的时间和空间进行反省，进而站出来承担自己应该承担的责任，并把这种责任化作工作的动力，更加忠诚地追随在这样的领导周围。

一家公司在外地设立了一个办事处，只有两个人，一个主管，一个职员。办事处成立后，需要办理税务申报，但这家办事处的税务申报却因各种原因一再拖延。在一年后的税务检查中，税务局发现了这个问题，就对其进行了严格的经济处罚。公司老总知道后，就向主管询问原因。主管说道："这一切都是我的责任，当时我想到了申报，可听说其他类似的办事处都没有申报，我想我们也没有必要这么做，所以就一直拖到了现在，这些事情都是我一个人的错。"

接着老总又询问了职员，得到的答案是："我把实际情况向主管汇报了，但是我觉得从为公司省钱的角度看，没有必要急着申报，因为很多单位都没有申报。于是我建议主管也不必着急，时间一长，就……这也有我的错。"最后，老板对主管说："虽然你们的行为不对，但你作为领导能够主动站出来承担不完全是你的责任，这样的领导，正是公司所需要的。"

身为领导者，一旦出现问题，首先要做的就是把责任扛起来，绝对不能以各种借口来掩饰，更不能把责任推给下属。即使不是自己的错，但也至少存在监管不力的问题。不管什么原因，不管问题有多大，压力有多重，领导者都应该先把责任担下来，尽快地寻求解决问题的办法才是最重要的。等到问题解决了，问题所引起的后果已经通过及时的更正降到了最低，责任变得相对“小”了，这时再追究责任。如此一来，惹出祸事的人也会被领导的担责而感动，主动承认自己的错误。这样既可以改善领导和下属之间的关系，又可以让大家都富有责任心，增强团队凝聚力，提高团队的整体竞争力。而如果一个人坐在很高的职位上，但是却不能承担更多的责任，丧失掉最基本的职业道德，就会遭到他人的轻视和离弃。

有一家大型模具公司的车间主任，手下管着一百多位技工。有一次，他带着几名员工制造一个精细模具。制造完毕，恰逢总裁和他的几个朋友到车间巡视，其中有一位发现了这个模具上的一个瑕疵，因为总裁在场，车间主任害怕自己挨训，当时就把责任推给了他的下属。总裁一看他这种做法便勃然大怒，当着全车间的人把他训斥了一顿。

如果领导一遇到问题，就先逃开，一味地将责任推卸给下属，那么下属就会人人自危，生怕自己因为一些小失误而成为领导者的替罪羔羊。在这样的情况下，下属怎么会有心思去思考解决问题的办法呢？工作中出现了问题，最重要的是避免以后再发生同样的错误。

只有领导主动了，下属才会尽快地平静下来，才能全力以赴地和领导一起寻求解决的办法。即使是天大的错误，领导也要先站出来扛起所有的责任，因为领导是下属的“擎天柱”，即使是天塌了也要顶住，这样下属才会觉得自己是受保护的。

特质六

服务于企业业绩——领袖是集体利益的铸造者

领袖服务力的终极目的是放大企业的效益，任何企业都是要追求利润的，为服务而服务不是领袖服务力的本质。领袖服务力不但要使企业提高效率，就领袖个人而言，也要把凭借个人的能力为企业创造利润作为重要的事情来做。领袖的实绩告诉下属：每个人都要发挥能量，为企业的良好发展和生存创利润！

业绩才是硬道理

一、业绩是能力最有力的证明

如果你只是一粒平淡无奇的小沙粒，你没有理由抱怨不被注意，因为你没有被注意的价值。要想引起注意，要想有自己的立场和声音，你先要站起来去为自己争取“结果”。努力才能提升你的价值，成为闪亮的珍珠后你才能引人注意。

吸引人们加入麦当劳的不仅是完善的培训体系，还有从零开始的快速晋升体制。在麦当劳，员工的晋升速度是由自己的实际能力决定的，一位刚参加工作的年轻人，完全可以凭借自己的能力在一年半内当上餐厅经理，在两年内当上监督管理员。

员工可以清楚地看到他们在麦当劳的职业发展路径，每一位有能力的员工都可以凭借自己的努力得到提升。无论是收款、炸薯条或是做冰激凌，每个岗位上都有可能造就出未来的经理甚至总裁。对那些适应快、能力强的人再配以各个阶段的培训，晋升就是很自然的事了。

我们要认清这样一个现实：公司不是慈善机构，企业领导者与职员也不是父母与孩子的关系。在企业付给你报酬的同时，你应该给企业几倍甚至几十倍、几百倍的回报，最起码，你为企业创造的价值要超过企业支付给你的报酬。每一个企业领导者都希望自己的员工能创造出优异的业绩，而绝不希望看到员工工作卖力却成效甚微。

真正有远见的人懂得：工作，凭的是业绩，是实力。要想成为职场中的佼佼者，要想超越其他人，那么，就要毫不懈怠、竭尽全力地把你那一行钻研透彻。事实表明，品格优秀，又业绩斐然的员工，是最令企业领导者倾心的员工。如果你在工作的每一阶段，总能找出更有效率、更经济的办事方法，你就能提升自己在企业领导者心目中的地位。

做事不认真，处处投机取巧，随时担心自己所耗费的精力和时间已经超过薪水的报酬，因为没有额外的津贴，便不肯多动动手，不肯多提出一些改进的意见。这种员工，任凭他的学识怎么丰富，本领怎么大，也绝对不可能会有出头之日。

我们首先要掂量自己的真正实力，站在公司的角度想一想，自己的价值会有多大，例如完成了多少项目、给公司创造了多少价值等，然后再想想这种价值是否与你的薪资相符。毕竟工作上的成就才是你获得加薪的基础。如果你创造的价值远远大于你的薪水，又何愁没有得到的那一天。

有的员工爱抱怨工作繁重，薪水太少，却很少能真正地反省一下自己。他们认识不到丰厚的报酬是建立在自己的工作业绩上的，更认识不到利用工作机会来提高自己的能力，增强自己的实力，为自己日后谋取更好的待遇增加砝码。

一个人工作，永远都只是为他自己书写人生简历。只有付出大于得到，让企业领导者真正看到你的能力和价值，你才有可能得到更多的机会创造更多的价值，同时你也找到了属于自己的最好位置。

“我能为公司做什么?”这应该是每一位员工从进公司那一刻就该明白的事情。你要主动、积极、创造性地把属于你的工作做到尽善尽美，然后你将获得“公司能给我什么”的报酬。

一个员工，要想在公司里占有一席之地，就要对自己所从事的工作的价值有更深入的理解，只有认定自己工作的价值，为公司赚取更多的利润，才能在职场中稳操胜券。也就是说，能为公司赚钱的人，才是公司最需要的人。

突出的工作成绩最有说服力，最能让人信赖和敬佩。唯有如此，企业的航船才能在市场经济的大海中，乘风破浪，越过激流，避开商战“暗礁”，从而立于不败之地。

二、求真务实的工作作风是企业团队创造业绩的基石

领袖在企业的发展中往往起到中流砥柱的作用，而领袖的服务力不仅体现在企业的未来决策上，更体现在企业的业绩实干上。一个好的领导往往善于用自己的业绩说话。确实，对于很多的下属来讲，领导者的服务力与感召力的最好体现就在于他们的实力。在很多员工的眼中，领袖是无所不能的，领袖是业绩与实力的保障。

作为企业的领导者，必须要有强烈的时效观念、意识，有求真务实、雷厉风行的工作作风，有运筹帷幄的领导艺术，并要在短时间内高效地完成预定的任务。领袖与普通领导的主要区别在于领袖总是善于用实干的作风带领企业团队创造业绩。

在企业团队中，领袖是下属的领路人，也是下属的标杆。领袖的实干能力怎么样，往往会影响到下属乃至整个企业的业绩斗志。也因此，领袖要想让团队充满活力，创造出更高的业绩，那么就应该先关注自己的工作能力和管理素质。领袖应该是务实的，对待工作脚踏实地，团队的业绩不断成长是他关心的问题。他深深地懂得：如果没有辉煌的业绩，无法让业绩不断成长，那么自己就是一个缺乏领导才能的领袖。为了成为一名优秀的领袖，他们需要业绩来证明自己。

为了实现这一目标，领导者在工作中应该求真务实，少说空话，不做表面文章，不搞花架子，不搞形式主义，这是所有想提高业绩的领导者应该铭记于心的行为准则。在企业经营管理中，作为企业的核心领导人物，必须要坚持的是重实际、说实话、办实事、求实效的工作作风。

但是在现实的工作中，常常会有这样的困惑：自己虽然做了许多工作，讨论会议开了，建议也提了，但本部门的工作效率并没有明显地提

高。他们当中有的会抱怨下属无能、办事不力，但却没有考虑到自己的工作指导是不是科学的、有效的、务实的。

不可否认的是，绝大多数主管都希望做好工作，时常需要为一些事情绞尽脑汁：有的主管也渐渐地认清了问题所在，理清了解决问题的思路。

1. 时刻保持冷静，丢掉不切实际的想法，服务于实际

处事顺利、事业有成，是每一个人都渴望的，但是职场上风云变化，会出现各种各样的问题。很多主管看到部门业绩不理想，就会变得暴躁，责骂下属，甚至是摆些花架子来掩饰自己境况。还有一些主管看到这段时间的工作业绩下滑，就在下个月制订更高的要求试图弥补。但是，这种不切实际的工作目标，严重地违背了现实，下属有怨言，开始消极怠工。这种管理方法其实是无效的。

2. 立足工作，不断审视服务于自己的管理模式

有的主管在工作中常会犯一些主观上的错误，其实自己想到的不一定是正确的管理思路，需要到实践中去检验。周围的一切也都是在变化的，以前用的管理方法可能已经不适用了。主管应该注重自身管理理念的学习和运用，丢弃那些华而不实的做法和观念。

美国一家著名的食品公司的创始人认为，只要能制造优秀的产品，就一定能卖出去，进而带动公司的发展。于是，为了提高业绩，这位创始人习惯以厉声呵斥来指挥下属，果然，业绩在一段时间内大幅增长，但是好景不长，业绩又开始停滞不前，甚至出现了衰退，虽然暂时可以称得上“成功”，但却是“没有持续发展的效果”，领导的管理必须改善。

就在公司业绩衰退，无法产生利润的困境中，创始人逝世了。面对着公司的困境，继承人立即召集全体员工宣布：薪水提高一成，每周工作时间缩短九小时，公司今后的生死存亡全看大家的努力，希望大家加油。这个决定让所有的员工极为振奋，工作积极性、主动性极大提升。在全体员工努力下，公司业绩逐渐好转。公司不到一年就转亏为盈，并很快打破了公司有史以来的最高销售纪录。

团队的发展不理想，不一定是下属的问题，要知道主管的决策失误和管理失误给团队带来的负面影响是更大的。维乐比希望公司业绩提高，但却只瞄准了目标，依靠权力驱使下属拼命工作。当下属的心理承受能力达到极限之后，必然带来严重的回落。

在企业的经营管理中，很多企业的领导者常常会制定团队的发展目标，但是目标传达了不等于贯彻了，发现了工作中的问题不等于解决了，要求下属怎样工作不等于下属真的可以按要求完成。为什么领导者期待的结果和现实总是不一样呢？因为有些领导者只热衷于制定所谓的“远景目标”，而把实现眼前目标或者阶段目标的任务交给他人，所以结果往往是一件事情善始而不能善终。所以，一名优秀的企业领导者要脚踏实地地工作，善于跟进工作进度，提高自己的领导术和领导力。

俗话说：“兵熊熊一个，将熊熊一窝。”要想提高团队的工作业绩，主管本身必须脚踏实地，认真工作。主管可以自查，看看自己是否做到了以下几点。

（1）坚持以事实为基础，服务于现状

主管自己必须坚持实事求是，在和下属接触的过程中都把实事求是作为基准，用客观的态度看待自己的公司和下属。对于自己和下属的成就要有一个客观地评价，出现问题敢于面对。

（2）了解你的企业和下属，服务于团队

主管有较强的主人翁意识，亲自参与到企业运营当中，深入了解真实情况和下属心理，并通过这种方式有效建立作为领导者应有的权威，还可以作为自己指导工作的依据。

（3）对有功劳的下属进行奖励，服务于员工

在短期目标实现的时候，主管要有相应的措施来衡量、奖励和提拔那

些为实现目标作出贡献的下属。主管要做到奖罚分明并把这一精神传达到整个团队当中，否则下属就没有动力付出更大的贡献。

（4）确立明确的团队目标和实现目标的先后顺序

光有目标，而不采取行之有效的举动，目标永远都将是目标。主管应该有能力为团队设定一些顺序清晰而又比较现实的目标，让每个下属都能很好地理解、评估和执行，最终达成团队内部的共识。

在带领自己的企业团队的时候，如果以上几点你都已经达到，说明你是一个有能力的领导者。如果你还没有达到上述要求，那就开始改善这一点。领袖往往会不断地审视自己的管理能力，力求通过提高自己的管理水平，带动整个团队的持续发展。领袖必须具有一定的情感强度，即无论喜欢与否，都要面对现实。领袖无法容忍与自己不同的观点，就不可能建立起执行型文化。

三、只吃肉不干活的领导成不了领袖

在管理上也存在这样的一句话：吃得苦中苦方为人上人。著名的管理学专家汤姆·彼得斯在企业的管理上也曾经这样说过："领袖的服务力和感召力往往是在实践中形成的，领导只说不干，下属的执行力也就无从谈起。"

也因此，企业领导者要想成为名副其实的企业领袖，要想打造自己强大的领袖服务力，那么首先要做好领袖的自我管理，才能成为下属心目中的绝对领袖。在企业的管理中，一些领导者由于自身忙的缘故，对工作总是敷衍了事，或者推给下属去做，自己只是坐享其成。下属付出了很多的辛苦，但却得不到该有的回报，一定不会发自内心地尊重自己的领导者。

甚至有的企业领导者常常会要求下属这样做，那样做，要求下属加强自我管理，但是却从来没有反省自己是否够资格成为一个合格的领袖。其实工作中的领袖都是能在工作中为下属起到示范作用的人物，下属也是自觉地把领导者看做自己学习的榜样。

美国著名的战将巴顿曾经说过一句名言：“在战争中有这样一条真理：士兵什么也不是，将领却是一切。”有一次，巴顿将军带领他的部队在行进的时候，汽车陷入了深泥里。巴顿将军喊道：“你们这帮浑蛋赶快下车，把车推上去。”所有的人都下了车，按照命令开始推车。在大家的努力下，车终于被推了出去。当一个士兵在准备抹去自己身上的泥污时，惊讶地发现身边那个弄得浑身都是泥污的人竟然是巴顿将军。原来巴顿将军刚刚和他们一起把车推了出去。这件事一直都牢牢地记在这个士兵心上。直到巴顿去世，在将军的葬礼上，这个士兵对巴顿的夫人才说起了这个故事，这个士兵最后说：“是的，夫人，我们敬佩他！”可以说，在工作中，下属的工作表现取决于领导者的工作表现。

真正的领袖，在企业的实践中往往能够身先士卒，不畏风险、勇挑重担。企业领导者从自我做起，凡事都要走在下属的前面，而不能尾随其后。在企业的管理中，领导者让下属听命于自己的最好办法就是：以身作则。在现实中总有一些企业领导者，遇到困难的事情，强迫下属去做，没有做好就批评指责。面对这样的领导者，相信很多的下属都会发自内心不满：“如果那么容易做，你为什么不来做啊？”如果领导者在困难面前，先做出一个样子来，一方面是对下属的指导，另一方面证明了自己的工作能力。

美国行政管理学家切克·威尔逊提出：如果下属得知有一位领导在场负责解决困难时，他们会因此信心倍增。在现实中，一些领导者对待工作不够负责，甚至是把重要的工作托付给下属，自己不去思考怎样把工作完成得更好。对于一些工作，领导者需要站在一线上为下属加油打气，也不需要很多具体的工作，但却可以起到鼓舞士气的作用。下属看到企业领导者在一旁，工作起来才能够心中有底，放开手脚。

企业领导者要想成为下属心中的领袖，不是整天在下属面前喊喊口号就可以了，真才实学，勇挑重担永远比口号更重要，且更能让你的下属钦佩有加。领袖要让自己成为学习的榜样，而不是被赞扬的对象。企业领导者给下属树立学习的榜样远不是一件容易的事情，那意味着必须时时刻刻准备着身先士卒。

企业领头人要让下属看到自己精明能干的一面。身为主管，不论做任何事，都应该显得比下属更成熟老练，更能始终保持领袖的智慧和才干。当下属遇到困难的时候，领导者要能够挺身而出，在不触犯任何人的前提下，适时地把话说得圆满或把事情做得得体。

在企业的管理中领导者要想成为员工心中的绝对领袖，要有一个公道之心，不要总是紧盯着下属，应该更多地关注一下自己，正所谓的领袖用实力说话。不可否认的是，很多团队工作效率低下，内部氛围不够和谐，不是下属的过错，而是领导者管理不善造成的。主管要想成为带头大哥，就要拿出点带头大哥的样子来，坐享其成的领导者永远都是下属鄙视的对象。

企业领导者要想成为员工众望所归的领袖，就意味着去发展诸如勇气、诚实、随和、不自私自利、可靠等的个人品格特征。为下属树立学习的榜样，让下属对自己心服口服。要让自己成为团队的主心骨，核心力量。领导者要让自己的一言一行都成为下属做事的一个标准，这是任何一个主管都应该做到的。只有领导者本人能管理好自己，做好自己该做的事情，领导者努力让自己样样超过下属，下属才能没有怨言地追随上司。

在企业管理中，领袖的榜样作用不仅起到了导向和示范作用，而且还有凝聚人心、化解矛盾、鼓舞士气和催人奋进的特殊功能。毛主席说过：“只有落后的领导，没有落后的群众。”一个管理者职位越高，身教影响力的涉及面越宽。企业领导者只有自身过硬，才能引起见贤思齐的广泛思想共鸣，带出过硬的团队。而且，从某个或领导者身上往往可以看到一个企业的前途与希望。

四、说一千，道一万，业绩才是硬道理

苏格拉底就讲过：“职业素养和专业能力是承担领导者职责的先决条件。”有能力的领导者可以吸引、影响大批的追随者。能力主要是指领导者过去的成功业绩，早年的经验和做事的能力。

在现代管理中，领导者要有专业技能、人际沟通和事务分析三方面的综合能力，这种能力随着领导者的职位的不同不断发生变化，与一般管理者的能力表现出差异。在日趋复杂的组织中，领导者的人际交流能力、激发他人热情的能力、组织团队共同进步学习的能力，都是卓越的领导者所不能缺乏的。

领袖之所以为领袖不仅具备着过人的胆量、气质以及内在的精神，更重要的是领袖的能力之强是别人所不能比拟的。领袖服务力更重要的是表现在领袖在为公司的贡献上，而业绩往往成为衡量一个领袖高度的一个重要的标准。

因此，也可以说业绩是领袖最具有感召力的东西，领袖的业绩可以增加领袖在企业员工心中的高度，进而增加企业的凝聚力。总之，说千道万，业务才是硬道理。

汇源的领袖朱新礼把一个从濒临倒闭的罐头厂变成一个中国第一果汁品牌。朱新礼用业绩证明了领袖的能耐与感召力。朱新礼在1992年担任了山东一濒临倒闭的县办水果罐头厂厂长。在1993年的时候，朱新礼将公司主营业务转为生产浓缩果汁，由于填补了当时的市场空白，因此企业开始迅速做大。

1999年，朱新礼将汇源集团的主要资产与新疆德隆成立了合资公

司。由于有了德隆的资金支持，企业开始超速发展，2年的时间里汇源累计投资20亿元，在全国新增了20家生产基地，到2003年的时候汇源果汁已经占据了23%的全国市场份额。2003年，朱新礼收购了德隆在汇源的股份。后来，朱新礼又分拆汇源果汁部分资产与统一集团在开曼群岛成立合资公司中国汇源果汁控股，其中统一出资2.5亿元占5%的股份。

目前，汇源已成为中国果汁行业第一品牌。汇源商标被评为“中国驰名商标”，汇源产品被授予“中国名牌产品”称号和“产品质量国家免检资格”。集团累计研发和生产了500多种饮料食品。据权威调查机构AC尼尔森最新公布的数据，汇源100%果汁占据了纯果汁46%的市场份额，中高浓度果汁占据39.8%的市场份额。同时，浓缩汁、水果原浆和果汁产品远销美国、日本、澳大利亚等30多个国家和地区。朱新礼用自己的能力与业绩树立了汇源领袖的丰碑。

在管理层面，对于一个领导者来讲，企业主要抓好20%的骨干力量的管理，再以20%的少数带动80%的多数员工，以提高企业效率。这也就是管理学上的二八定律。根据二八定律指出：在原因和结果、投入和产出，以及努力和报酬之间，存在着一种不平衡关系。它为这种不平衡关系提供了一个非常好的衡量标准：80%的产出，来自于20%的投入；80%的结果，归结于20%的起因；80%的成绩，归功于20%的努力。这就说明我们需要分清工作的主次，集中力量在重点的工作上，同时适当照顾略显次要的工作。目前公司的一切工作正在有序地进行，我们应该看清所处的阶段，针对性地投入自己的精力，做到工作的进程与公司的进程同步。

为了提高企业的效率，领袖务必要建立一个富有战斗力的团队。同时，作为带头人，你不仅需要了解团队成员，更需要根据团队的特点和工作的内容对他们进行合理的定位和分工，给每个成员一个合适的舞台，这就涉及团队建设的问题了，一个优秀的团队必须具备以下这些条件：团队成员之间能够顺畅沟通和谐相处、工作可以给成员带来物质利益和成就感、团队领导者能够掌握每个人的性格特点并做有效领导、所处的行业是朝阳行业、非常注重知识和技能的学习与积累。

常言道，不管是黑猫还是白猫能捉到老鼠的就是好猫。其实作为一个企业的领导者也是一样的，不管是什么样的领导方式，而你最终的目的就是为了促进企业的发展，公司的业绩才是一切。不可否认的是，作为一名企业的领导者，在业绩无法保证的情况下，其他的任何工作都只能是花哨，那么这样的领导者也很容易失去威信。

五、领袖不能只摆花架子，得拿出实际有效的行动

在企业中，领袖不仅仅是一个虚名，更是一个有着实实在在影响力的人物。而这种领袖的感召力往往来源于领袖的能力以及执行力。所以作为一个领袖在现实中不能只摆花架子，更要拿出自己的实际行动创造业绩，进而形成领袖特有的感召力。

作为企业的领导者在代领自己的队伍的时候，不能有半点虚假，应将求实、务实、落实视为工作的生命线。工作要扎实，力求实绩、实效。在管理与执行上不能摆花架子，更不能弄虚作假。要真实地反映情况，扎实地开展工作。但是，在现实生活中，喜欢搞形式主义“花架子”的一些企业领导者并不少见。

在现实的管理中，有的领导者以假象掩盖真相，以小成绩掩盖大问题。在工作计划和设想结果上，领导者做足了工作，以充分显示自己的“魄力、远见、雄心壮志”，但是却不重视工作的具体落实，所有工作都是低效能的。领导者在工作上要花架子，用那些振奋人心的开场，引起上级重视，不仅劳民伤财，而且轰动效应和最后的结果不是成正比的关系。表面上光彩夺目，而产生了对企业不利的影响。身边的下属虽然不公开反对领导者摆花架子，但是心里会积蓄更多的嘲笑之情。

有的“以虚为实”，凡事未做先吹，不做也吹，甚至大吹特吹，目的想制造声势，让员工看到自己是多么地“能干”，但口惠而实不至，这样的领导者长期下去往往会让员工感到失望、进而对其失去信心。领导者把花架子摆完了，以后如何，虚假的表现能够给工作带来什么样的改变呢？俗话说：“假的真不了，真的假不了。”领导者只讲表面功夫，不讲实质，只管往脸上搽粉，所以，我常常会看到“饿着肚子穿西装，满身债务住洋房”，“驴粪蛋面上光”的企业领导者。

还有的企业领导者在接到工作的时候，喜欢率先表决心，但是在具体工作上总是反应迟钝，慢半拍，甚至还没有理解企业领导者要求的精神实质，还没有对本团队的实际情况有所了解，可想而知，最后采取的都是一些无关紧要的措施。

搞“花架子”的手法远不止这些，但是企业领导者花架子的手法有多少，都是领袖在作秀，只是一些骗人的把戏，也只能算是“无实事求是之意，有哗众取宠之心”，不会给工作带来本质上的改变。如果领导者喜欢搞花架子，就会带来以下危害：领导者用花架子来掩盖事实真相，以形式代替内容，以假象遮人耳目，制造了一大批虚假信息，甚至到最后连自己都相信这一切都是真的，导致决策的失误。

在企业的经营管理中，领导者搞花架子必然给团队带来不良的工作作风和团队风气，助长了弄虚作假之风的泛滥。领导者对工作弄虚作假，领导信用度就会下滑，促使下属对待工作马马虎虎，整个团队工作效率低下。领导者的花架子割断了与下属的密切关系。领导者花架子做多了，下属一定会怀疑领导者的实际工作能力，质疑领导者的领导才能，甚至是领导者的人品。在领导者脱离实际工作之时，也就脱离了自己的下属。

主管搞花架子会给团队造成人力、物力、财力的严重浪费。主管摆花架子需要大量的资源来充场面，而且往往不惜代价、不计成本。美其名曰是工作需要，其实是为了自己争面子，但把这些压力和负担转嫁到下属身上，一定激起下属们的反感。

领导者搞“花架子”就是一种形式主义，一种不正派的行为，其结果是耽误了工作，欺骗了企业领导者，害了自己，也连累了下属。职场上，那些喜欢搞花架子的领导者实际上都是幼稚的、低级的、庸俗的，不愿把智慧用在工作上的人。领导者要想在工作上有所作为，必须切实改掉。

领导者要想改掉形式主义的毛病，先要摆正自己的心态。一些领导者之所以喜欢搞花架子，就是虚荣心的膨胀，眼睛紧盯着个人利益的得失，认为花架子是自己获得成功的捷径，忘记了工作的实质。在工作中，领导者应该把工作的目标与团队的实际情况相结合，采取切实有效的行动。当领导者全身心地投入到工作中，充分发挥自身才能的时候，就会自觉地与形式主义的花架子划清界限。

“花架子”手法在外行人那里还是有作用的，但对于实际工作来说是毫无实战价值的行为。为了更好地完成工作，实际有效的行动可以证明领导者对工作认真负责的态度，解决问题的工作能力。聪明的领导者能够抓住机会用实际行动来领导团队创造更高的业绩。

有的领导者在安排工作的时候，说得头头是道，口沫横飞，但是实际的动手能力不强，理论严重脱离了现实。理论上的巨人，行动上的矮子。工作需要踏踏实实，一步一步踩实了才能走得稳健。

工作应该把效率放在第一位，一些领导者的工作看似做得好看，但却不实用。领导者做工作应该根据目标采取行动，而不是按照领导者本人的需要采取行动。在工作中领导者要立足实际，去掉可有可无的行动，把工作过程化繁为简，更有利于克服“花架子”的毛病。

总之，一个领导者要想成为员工心中的领袖，就必须有实干的精神，把领导者的执行力落实到企业的工作上，并将其转化为创造业绩的一个重要的手段与方式。

提高企业效率才是领袖的管理服务之道

一、提高员工工作效率是企业领袖服务力的重要体现

领袖服务力在于，领袖带领企业纵横市场的经营服务上，更在于领袖在企业内部的管理服务上。领袖与普通领导者最大的区别在于，领袖善于利用各种手段提高企业的效率，并创造高效的业绩。

而企业员工的工作绩效取决于七个因素：目标、反馈、标准、能力、条件、机会以及动机。决定因素是目标和达到目标的动机。目标和达到目标的动机对工作绩效有决定意义。

1. 目标

目标是人们孜孜以求的新境界。它有三个重要特点：目标不同于要求。经理走进来宣布，公司的新目标是在未来三个月使生产率提高10%。不管用什么字眼，这不是目标，而是要求。在职工们达到10%的增长率之前，它始终只是一个要求。目标不同于欲望。大家都认为生产率增长10%是应该的，但这并不是目标，除非每个人都下决心去实现它。一家公司在规定正式目标时，很容易误认为它也会是员工的真实目标。然而，公司的正式目标至关重要。如果员工想获得成功的表现，就必须明确这个问题的答案："公司希望我达到什么样的目标?"并且知道这不同于回答："他们要我完成什么任务?"

2. 反馈

反馈的意思已经变成了"我想跟你说件事"，比如在"我想对你的工作表现做个反馈"这句话里所说的"反馈"。但反馈实际只有一个有用的意思：它是对按照一定的标准、向目标靠近过程中的情况所做的反应。如

果这个情况与目标无关，或还没建立衡量表现好坏的标准，就算不上反馈。

3. 标准

标准是目标的基本组成部分。它告诉员工，要成功达到目标，必须做到什么事情。如果不知道用什么来衡量目标有没有实现，就不能明确目标到底是什么。要分析目前的工作状况并予以改进，就必须了解员工如何回答这个问题：“怎么才能知道自己的工作做好了？”对这个问题最普遍的回答是：“没人抱怨，我就算干得不错。”如果这就是标准，就等于员工自立衡量工作表现的标准，而它很可能跟公司所希望有的标准大相径庭。

4. 能力

必须先弄懂两件事。首先，了解某事与学会如何做这件事之间有重大区别。其次，要想让培训见效，接受培训后，员工应立即把所学用于工作。大多数培训人员了解这些原则，但许多管理者却不懂。

5. 条件

培训人员对员工能获得何种工作条件很难起什么作用，但还是得仔细考虑条件问题。理由如下：在不过度干扰公司工作的情况下，可以改变某些程序和过程。例如，对一定数额以下的开销减少审批环节，因此提高采购效率。甚至在没办法改变技术时，你至少可以提出它对工作绩效有消极影响。例如，由于计算机系统使用不便，不得不花成千上万个小时去培训员工；而因为机器靠不住，成千上万的员工不想再尝试生产优质产品。

6. 机会

人们的工作不尽如人意的原因之一是没有机会。原因是：没有时间。其他事情更紧迫。当一个公司打算推行一项新计划，如全面质量管理时，这种现象就特别突出。也许每个人都乐意去做，但如果缺乏明确的领导，人们就会忙于应付繁重的日常生产任务，质量问题就抛到一边去了。

7. 动机

训练员工产生工作激情很不容易。但是，有时可以改进激发积极性的方法。领导者提高员工工作绩效的七个因素是互相关联。采用不适当技术会对员工的能力提出过高要求，若标准不健全，反馈不完善则会挫伤员工的积极性。也因此，每一个企业领导者除了了解每个因素对工作绩效的直接影响，还须学会感觉这些因素之间的相互作用。在企业的管理中，等级森严的管理制度不能指望员工有高昂的现实目标的积极性，这也就使它们成了控制型官僚机构，陷于恶性循环：员工不按组织要求的方法工作，于是就加强控制；员工不甘受控，因而工作绩效每况愈下，公司只得进一步加强控制。

总之，提供员工的绩效是企业领袖的一个重要的任务之一，也是领袖服务力的一个重要的表现，只有建立完善的绩效管理制度才是企业高效运行的一个重要的条件。

二、运用多样化的激励手段提高效率是领袖管理的利器

激发员工的积极性，充分调动企业的效率是领袖服务力的重要表现。在企业的管理中，优秀的领导者与平庸的领导者最大的区别是，领袖的领导者善于运用各种激励的手段来提高企业的效率，而平庸的领导者则会懂得延长工作时间来为企业创造业绩。不同的管理方式往往会造成不一样的影响。

在企业的管理中，提高工作效率的方式非常多，给员工加薪、发奖金或者给员工变相的福利等都会在一定的程度上激发员工的积极性，从而提高企业的效率。不过不可否认的是，这样的激励方式往往都会增加公司的开支，有些效益不太好或刚刚开始创业的私营公司的企业领导者可能会觉得这样的奖励多了，公司难以负担。这种想法可以理解。实际上，奖励的方式不光是物质方面的，当经费紧张时，可以采取另一些奖励方法，如表扬，加重其责任，当着别人的面给予肯定，增进上司和下属间的私人关系等，这些奖励方式也都很有效。运用这些方法能使下属有一种荣誉感，因

而会促使他们更加努力地工作。

我们说加重其责任，不仅仅意味着给他更多的工作，而且还要给他更多的自决权，让他负起更多的责任。这时企业领导者要减少对他的干预，以示信任。这也是一种奖励，给予下属更多的发展机会，使其个人价值得以更好地实现。

在许多私营公司中，领导者对下属的评价较为随意，没有形成一定的标准，失之过宽，因而几乎每个下属获得不同程度的奖赏，使得奖赏“平均化”，优秀的下属无法脱颖而出，结果被埋没于普通人之中。过多过滥的奖赏会降低应有的“含金量”，也失去了应有的意义。另外需要注意的是，精神奖励要与物质奖励相辅相成，相得益彰，如果表现出色的人仅仅得到了几句口头表扬，而没有获得一定的实际利益，如提升、加薪等，同样会打击其积极性。

私营公司领导者必须区别每个下属的工作实绩，给予不同的人以不同的评价和物质激励。不公正和不适当的奖赏，不论是过高还是过低，都会打击下属的士气，降低企业领导者的信誉。作为企业的领袖，必须保持自己的信誉，否则你的一言一行都会为下属们所不屑，这样就会失去对下属的号召力。

不要让好的评语到处泛滥，要实事求是，褒奖得宜。如果企业领导者能对下属的工作表现随时记录的话，这其实不成问题。奖励可分明奖及暗奖。很多私营公司大多实行明奖，大家评奖，当众评奖。明奖的好处在于可树立榜样，激发大多数人的上进心。但它也有缺点，由于大家评奖，面子上过不去，于是最后轮流得奖，奖金也成了“大锅饭”了。

同时，由于当众发奖容易产生嫉妒，为了平息嫉妒，得奖者就要按惯例请客，有时不但没有多得，反而倒贴，最后使奖金失去了吸引力。外国私营公司大多实行暗奖，领导者认为谁工作积极，就在工资袋里加钱或另给“红包”，然后发一张纸说明奖励的理由。暗奖对其他人不会产生刺激，但可以对受奖人产生刺激。没有受奖的人也不会嫉妒，因为谁也不知道谁得了奖励，得了多少。其实有时候领导者在每个人的工资袋里都加了同样的钱，可是每个人都认为只有自己受了特殊的奖励，结果下个月大家都很努力，争取下个月的奖金。

鉴于明奖和暗奖各有优劣，所以不宜偏执一方，应两者兼用，各取所长。比较好的方法是大奖用明奖，小奖用暗奖。例如年终奖金、发明建议奖等用明奖方式。因为这不宜轮流得奖，而且发明建议有据可查，无法吃“大锅饭”。月奖、季奖等宜用暗奖，可以真真实实地发挥刺激作用。

三、睿智管理，用激励点燃员工的好胜心

很多时候，管理者都有这样的体会，那就是请将不如激将，也因此中国古来就有“激将法”，而且屡试不爽。《三国演义》中有这样一个例子：

马超率兵攻打葭萌关的时候，诸葛亮对刘备说：“只有张飞、赵云二位将军，才能战胜马超。”

这时，张飞听说马超前来攻关，主动请求出战。诸葛亮佯装没有听见，对刘备说：“马超智勇双全，无人可敌，除非去荆州把云长找来，才能退敌。”

张飞说：“军师为什么小瞧我！我曾单独抗拒曹操百万大军，难道还怕马超这个匹夫！”诸葛亮说：“你在当阳拒水桥，是因为曹操不知道虚实，如果知道虚实，你又怎么能安然无事呢？马超英勇无比，天下的人都知道，他渭桥六战，把曹操杀得割须弃袍，差一点丧命，绝非等闲之辈，就是云长来也未必战胜他。”

张飞说：“我今天就去，如战胜不了马超，甘受军令！”

诸葛亮看“激将法”起了作用，便顺水推舟地说：“既然你肯立军令状，就让你做先锋。”

在《三国演义》中，诸葛亮常常针对张飞脾气暴躁的性格采用“激将法”来说服他。每当遇到重要战事，先说他难当此任，或说怕他贪杯酒后误事，激他立下军令状，增强他的责任感和紧迫感，激发他的斗志和勇气，扫除他轻敌的思想。

自古以来，人就有好面子，怕丢面子的特性。也正如此，激将法才在某些人身上屡试屡验。员工本来觉得一件事很难办，但是只要你拿话一激，稍稍碰一碰他的面子，他的自尊心就会使他一跃而起去争面子。所以，作为一名管理者，一定要善用激将法，这样不仅能使你的员工圆满完成任务，有时还会发掘出员工身上原来未曾显现的才能。运用激将法也要巧妙，用嘲讽、污蔑、轻浮的语言激将，是愚蠢的办法。一个优秀的管理者所用的激将法是聪明的激将法，可以运用以下几种手段。

1. 巧用激将法

领袖在运用激将法时要看对象，年轻人的弱点是好胜，“激”就是选在这一点上，你越说他害怕，他就越勇敢。老年人的弱点是自尊心强，此点一“激”就灵，你越说他不中用，他越不服老，越逞强。所以当别人指责他放弃责任、隐退不出，嘲笑他不负责任、胆怯后退时，他身上的能量就很难被激发出来。

2. 煽情激将法

煽情激将法需要用具体的有感染力的描述，用富有煽动性的语言激起人们心中的激情、热情。所用的可以是严酷的现实，也可以是轻松的远景，不拘一格。

3. 对比激将法

对比激将法是要借用与优秀员工对比的反差来激发人的自尊心、好胜心、进取心。

用对比法激人，选择对比的对象很重要。一般来说，最好选择被激对象所比较熟悉的人，过去情况与他差不多，各方面条件与其差不多的人。

并且对比的反差越大，激将的效果就越好。

4. 身先士卒激将法

企业的领袖发现必须加班才能按时完成任务，而组长对加班一事颇有微词。于是他换下组长，亲自督战。从此之后，碰到加班的时候，这位组长再也没有任何抱怨。战场上主帅是不宜亲自出战的。而主帅出战则意味着部将无能或失职，这个行动本身就是一种“激将法”。

5. 绝路激将法

善于领兵的人都懂得一个道理，人到了没有退路的时候，往往特别勇敢：中国历史上破釜沉舟、背水一战并大获全胜的战例不胜枚举。如果企业管理者懂得这个道理，在濒临绝境的时候，激励员工背水一战，也可以大获全胜。俗话说的“置之死地而后生”就是这个道理。

激将法有高下之分，管理者掌握好其分寸尺度，灵活发挥，机智应用，可以在需要员工拿出他们最大的力量，拼死效力时，派上绝妙的用场。

四、简化问题，提高工作效率是领袖的服务要务

复杂是产生问题的根本原因。简单的形态虽然看来很平淡、不显眼，但却是最自然、最理想、最好的形态。在结构上，崇尚简单；在内容上，倡导纯真；在形式上，追求自然；在精神上，潇洒超越。简单的就是美的，多余就会破坏美。比如一个人的手突然多出一个指头，看上去就很别扭。

人们总是把管理看成是一个深不可测、妙不可言的东西，而通用电气前总裁杰克·韦尔奇却认为，管理是最简单的事情。他说，人们总是容易高估商业运行的复杂程度，要知道经商并不是研究火箭技术，它是世界上较为简单的职业之一。

正是因为人们总把管理看得很复杂，在管理过程中才会觉得很困难，

很难取得好的管理效果。如果人们停止把管理搞复杂，回归管理的本质，进行简单管理，往往会取得更好的结果。近年来随着市场对企业速度、效率要求的逐渐提高：简单管理已经成为一种潮流和趋势，只有实行简单管理的企业才有资格参与市场竞争，才有可能获胜。所谓简单管理，是一种力求使复杂管理变得简约、集约和高效的管理思想和管理模式，它倡导化繁为简、以简驭繁的管理理念和方法，要求凡事找规律，去伪存真，去粗取精，由此及彼，由表及里，在真正掌握问题本质的基础上，以效率和效果为出发点，既最大限度减少资源的浪费，又努力让组织、管理者和员工的各项工作更容易、更有条理和更有效率，最终以最简洁、最直接、最有效的方式解决问题。力求简单是最好的解决问题的方式。

有一个小和尚，被师兄出的一个问题难住了：把一个鸡蛋立在桌子上。

圆圆滑滑的鸡蛋如何才能立住呢？正在苦恼万分的时候，师父进来了。弄清事情的原委之后，师父笑了，他对弟子说："这还不简单？看，这不就立住了？"

说完，老和尚把鸡蛋的一头轻轻地磕破。鸡蛋果然立住了。

解决问题，肯定会有很多方法，有一个方法最简单、最实用，简单管理就是要人们提出这个方法，而实现高效率和快速度。

杰克·韦尔奇认为，越是简单的管理，越能实现高效率，越能体现领导智慧。高效率对于企业而言是非常重要的，保持企业运转的高效率也是每一个领导者的重要责任。对于一个小企业来说，实现高效率似乎不是很难的事情，但是对于大企业来说，复杂的人际关系、烦冗的机构，很难实现快速高效。

如何让大企业也和小企业一样身轻如燕呢？最好的办法就是让大企业"瘦身"——摆脱复杂的管理程序，实现简单化的管理。

国外一些大的企业，如 GE、IBM 等就把消减多余的管理层级，去除官僚主义，力求使一切变得简单。国内一些企业，如海尔就在企业内部实施了旨在去除复杂，提高效率的“DNA”计划，大大简化了企业内部复杂的管理程序，提高了企业的效率。而一些国内企业，在管理上却力求“复杂多样”，除了烦琐的机制外，还有大大小小的会议。

这些企业中大量的时间被浪费掉，效率极其低下，这样的企业怎么能在激烈的竞争中胜出呢?

把事情弄复杂很简单，把事情弄简单很复杂。要想把一件复杂的事情做得简单而有效，确实不是件容易的事情，因为这可能会涉及思想上的改变。

中国人习惯于把一句话变成几句话来讲，几句话要变成几个小时来讲，几个小时要变成一个上午来讲，几个字要变成一篇大文章，几分钟的会议要变成一天的会议……而德国人崇尚简约，讲究效率。德国人喜欢把几张纸的事情变成一张纸来说，把一张纸的事情变成几行字来说。这是一个完全不同的思维模式。

问题的关键在于转变思维。只有在思想深处真正地崇尚简单，在处理问题时直奔主题，才能实现真正的简单管理。当你把几页纸的文件变成一页纸，把一页纸变成几句话；把复杂的管理工作简单化，把层层机构简约化，那么你办一件事、完成一个任务所用的时间就会少许多，效率自然也就提高了。

管理的最高境界就是越简单越好。如果说四两拨千斤是中国功夫的精髓，那么化繁为简就是管理实践的最高境界。

特质七

服务于企业制度——领袖是企业制度的锻造者

企业制度是在一定历史条件下所形成的企业经济关系，包括企业经济运行和发展中的一些重要规定、规程和行动准则。在企业的经营管理中，企业领袖往往是企业制度的锻造者。打造铁一般的制度，服务于企业软实力建设是企业的服务精神所在。

构建良好的企业制度，展现领袖领导力

企业制度是在一定的历史条件下所形成的企业经济关系，包括企业经济运行和发展中的一些重要规定、规程和行动准则。在企业的经营管理中，企业领袖往往是企业制度的锻造者。打造铁一般的制度，服务于企业软实力建设是企业的服务精神所在。

一、好领袖，好制度，好未来

对于很多企业来讲，制度决定企业的未来。也因此，打造好的制度是很多企业领袖的一个重要的目标。服务于企业制度建设，是企业领袖服务力的重要体现。一般来讲，企业制度是指在一定的历史条件下所形成的企业经济关系，包括企业经济运行和发展中的一些重要规定、规程和行动准则。

一般来讲，管理制度是现代企业制度的主要内容，它与员工最为息息相关，影响员工的日常生产经营活动，特别是其中的人力资源、薪资福利、绩效评估等几条，都关系到员工的切身利益。如果领导者在制定这些制度时能够做到以人为本、平衡好企业员工双方的利益，就可以极大地调动员工的工作积极性，从而使个人和企业协同发展，反之则可能陷入管理混乱、效率低下的境地。可以说企业制度关系到一个企业。

现代企业制度在本质上要求现代企业必须是“管理科学”的，科学的现代企业管理是促进企业经济技术进步，增强竞争实力，赢得国际市场的一个迫切而重要的前提。所以必须具备科学的企业制度，来指导和规范现代企业生产、管理上的工作。

制度也是保证员工活动有序进行的必要条件。现代化的社会大生产极其复杂，分工协作极为密切，因此企业必须严密地设计并实现供产销的衔接、人财物的合理分配、各种信息的传递反馈以及成员之间按照程序的分工协作，明确职责。还要建立人与机器、工具、材料之间的合理组合关系。这就要求企业建立起严格的、配套的规章制度，对企业内部各组织、各部门和所有岗位的职责范围、工作程序和工作标准以及协调要求作出明确的规定。做到"事事有人管，人人有专责，办事有程序，工作有标准"。只有这样，才能保证企业生产经营活动有条不紊地进行，并取得良好的经济效益。

科学的制度并不是由人们的主观愿望而随意制定的，它是人们根据科学管理与员工利益相一致的原则而制定的，是人们对生产经营的实践经验的总结，具有科学性。特别是经济责任制的推行，把企业经营者对其所有者应承担的责任，企业内部各组织、各部门直到每个岗位和每个人的责任、权力、利益落实下来，把劳动成果与报酬相联系，调动了员工的积极性、创造性和责任感。

科学的管理制度可以降低企业许多内部交易费用，增强企业凝聚力，提高企业经济效益。明晰、科学的管理制度，减少了企业内部的不确定性，从而使得企业内部的交易费用大大降低，各部门、各成员之间协作更为紧密。

可以说，制定一套行之有效的企业管理制度是实现现代企业管理科学化的必经之路。进行科学管理，就必须依据现代企业管理的一般理论原则，结合本地和本企业的具体情况，制定一套行之有效的企业管理制度，这是企业生产、管理得以顺利进行的重要条件。

现代企业制度的基本内容包括三个方面：现代企业产权制度，即法人产权制度；现代企业组织制度和现代企业管理制度，它们的具体内容如下。

1. 现代企业产权制度

作为市场经济基本主体的企业，必须明确其所有权主体和界区，这是企业进入市场的前提。

2. 现代企业组织制度

采用什么样的组织形式来组织公司是现代企业制度的第二个重要内容。在现代企业组织制度中，所有者、经营者与生产者之间，通过决策机构、执行机构、监督机构形成各自独立、权责明确、相互制衡的关系，并以法律和公司章程加以确立和实现。

3. 现代企业管理制度

建立现代企业管理制度，要求企业适应生产力发展要求，积极应用现代科学成果，包括现代经营管理的思想理论与技术，有效地进行管理，创造最佳经济效益。这就要求企业围绕其战略目标，按照系统观念和整体优化的要求，在管理人才、管理思想、管理组织、管理方法、管理手段等方面实现现代化，并把这几个方面的现代内容同各项管理职能（计划、组织、指挥、协调、控制等）有机结合，形成完整的现代化企业管理。其中，领袖在现代企业管理制度的构建服务上主要包括以下的内容：建立集中管理与分散经营，即集中和分权相结合的运行机制，在领导体制上体现领导专家化、领导集团化、领导民主化；建立职工培训与考核制度，使企业拥有素质良好的职工队伍和熟练掌握现代管理知识与技能的管理人员；建立起能参与国际竞争，占领国际市场为目标的经营战略体系。战略管理是现代管理的重要内容。而正确的经营思想又是优化战略的先导，因此在管理上必须树立起质量观念、市场观念、金融观念、时间观念、竞争观念、以人为中心的观念以及法制观念；建立现代技术改造与科研制度；建立企业的民主管理制度；建立现代企业的文化生活制度，建设以企业精神、企业形象、企业规范等内容为中心的企业文化，培育良好的企业精神和企业集体意识。

除此之外，要建立一系列的与之相配套的具体制度，通过科学的生产管理、质量管理、人力资源管理、研究与开发管理、财务管理、信息管理等一系列管理体系的建立，使企业管理更科学化。

由此我们可以看到，现代企业产权制度、现代企业组织制度和现代企业管理制度三者相辅相成，共同构成了现代企业的总体框架。其中，企业法人制度是现代企业制度的基础；现代企业组织制度为企业高效稳定发展提供了组织保障；现代企业管理制度则有利于发展生产力，促进企业各项资源得到最有效的运用，是现代企业制度的微观方面、主要内容、最重要的组成部分。

作为一个企业的领袖，在企业的经营管理中要把企业制度作为企业职工普遍遵循的规范和准则，并建立一套科学的管理制度，可以使企业管理阶层有效地指挥、组织生产，加强各部门的配合，调动员工的积极性，有利于加强企业经营管理，促进生产发展，提高劳动生产率，使企业经营活动获得较好的经济效益。

二、企业制度服务于企业大局

企业制度关系企业的未来与发展。不可否认的是，一个有朝气的企业往往都有一个完善的企业制度。而值得一提的是，企业制度并没有一个固定的样板，不同的企业有着不同的发展状况，这就决定着企业的发展机制。打造与自己的企业发展相适应的企业制度恰恰是一位领袖服务力所在。

在现行的企业运作中，任何一个企业想要生存并且正常地运行下去，都必须有一套切实可行的制度作为保障，特别是一个大的企业。一套好的制度，甚至比多用几个管理人员还有效。

制度的作用在于限定人的行为，并明确地告诉人什么该做什么不该做，怎么做效果好怎么做效果不好，而这些不应该成为管理者每天为之费心的事情，在这方面，管理者唯一应该费心的，就是如何让制度适合自己的企业。

世界上没有万能的制度，任何一个企业都有它独特的地方，相应地，要让制度在企业中发挥出最大的作用，那么制度本身就必须带有企业的特色。很多管理者因为不想浪费精力而选择照搬同行业其他企业的制度。殊不知，管理者一旦有了这样的想法，把制度看成大路货，认为弄一套摆设在那就可以，实在是大错特错。

一个企业，无论制定什么样的制度，都必须满足两个方面的要求。一是必须为企业量身定做，事前详细了解实际形态，整理分析各类问题，保证制度的每一句话都对应着事实。企业的情况各不相同，如果制定了冠冕堂皇的条文，却与现实情形背道而驰，则无异于一纸空文；二是千万不要以为制度一旦制定就可以一劳永逸，世上没有十全十美的事情，所以任何事情都有改革的必要。况且计划永远没有变化快，想让制度充分地发挥效用，就必须量身定做，符合企业的需求。

三、领袖要让企业文化在制度中生根发芽

一个成功的企业一定要有优秀而独到的企业文化，它是一种力量，对企业兴衰将发挥着越来越重要的作用，甚至是关键性的作用。世界500强企业能够做到技术创新、管理创新，往往离不开它的巨大助力。而企业文化的构建离不开制度这一载体！

在企业文化研究中，人们对“文化与制度”的认识经常陷入一种误区：或把二者对立起来，或者分不清二者在企业管理中的地位与作用。其实，制度也是一种文化，它更多地强调外在的监督与控制，是企业倡导的“文化底限”，即要求员工必须做到的。

制度有形，看得见摸得着，它往往以各种规章、责任制、标准、纪律、指标等形式表现出来；文化无形，它存在于人的头脑中，是一种精神

状态，往往通过有形的事物、活动反映和折射出来。但两者却是水乳交融、不可分割的，有形的制度中渗透着文化，无形的文化通过有形的制度载体得以体现。

在企业管理中，制度的制定与执行得到广大员工的认可即可形成企业文化。因此在企业中管理者要想形成什么样的企业文化，则可根据需要建立什么样的企业制度，通过企业制度的制定与执行形成自己独特的企业文化。虽然制度具有一定的强制性，但是不合理的制度在执行过程中会遇到更多的困扰，不容易坚持下去。即使能够得以贯彻执行，也是阳奉阴违，不能使员工口服心服。而良好的规章制度在执行过程中会更容易得到广大员工的认同，可以在企业中得到切实推行，自然而然会形成良好的企业文化，反过来，良好的企业文化也会推动好制度的进一步执行，在企业中形成良性循环。

同时，文化优劣或主流文化的认同度也决定着制度的成本。当企业倡导的优秀文化且主流文化认同度高时，企业制度成本就低；当企业倡导的文化适应性差且主流文化认同度低时，企业制度成本则高。由于制度是外在约束，当制度文化尚未形成时，在没有监督的情况下，员工就可能“越轨”或不能按要求去做，其成本自然就高；当制度文化形成以后，人们自觉从事工作，制度成本就会大大降低，尤其当超越制度的文化形成时，制度成本就会更低。企业的制度文化是企业行为文化得以贯彻的保证。企业职工生产、学习、娱乐、生活等方面直接发生联系的行为文化建设如何，企业经营作风是否具有活力、是否严谨，精神风貌是否高昂，人际关系是否和谐，职工文明程度是否得到提高等，无不与制度的保障作用有关。由此可见，制度与文化二者是互动的。当管理者认为某种文化需要倡导时，他可能通过培养典型的形式，也可能通过开展活动的形式来推动和传播。但要把倡导的新文化渗透到管理过程之中，变成人们的自觉行动，制度则是最好的载体之一，也就是说制度让文化落地生根。

四、注意完善更新制度，适应企业发展

制度的创建要根据企业的发展情况而定，所以当企业发展、变化时，制度也不能一成不变。

一位年轻有为的炮兵军官上任伊始，到下属部队视察操练情况。他在几个部队发现了相同的情况：在操练中，总有一名士兵自始至终站在大炮的炮管下面，纹丝不动。军官不解，问其原因，回答：操练条例就是这样要求的。军官回去后反复查阅军事文献，终于发现，长期以来，炮兵的操练条例仍遵循非机械化时代的规则。站在炮管下士兵的任务是负责拉住马的缰绳（在那个时代，大炮是由马车运载到前线的），便于在大炮发射后调整由于后坐力产生的距离偏差，减少再次瞄准所需要的时间。现在大炮的自动化和机械化程度很高，已经不再需要这样一个角色了，但操练条例没有及时地调整，因此出现了“不拉马的士兵”。

当一个组织所处的外部环境发生较大的变化，就会导致工作流程和方法随之而变，岗位设置与工作思路就应该跟上，否则“不拉马的士兵”就会层出不穷，从而使组织走向瘫痪。那么还有哪些情况需要改善制度呢？当企业目标、战略调整、改变之后，原有的行为规范中可能有些会不适合甚至妨碍战略的实施，对这部分制度要修改或更新。

战略变化引起的管理制度的变化主要有两个方面：首先，产品或服务的经营领域以及市场范围发生变化。不同的产品或服务的经营业务在生产方式、规模、工程技术等方面具有不同的经济技术特点，因而所采用的计划、组织、指挥、控制的管理方法也应不同。不同的市场要求采取不同的市场营销组合，营销管理的方式方法也会有所不同；其次，实现战略目标所采用的战略行动的变化引起一系列的管理变化。例如，某企业的经营目

标是通过提供优质服务来获得差别优势，扩大销售。所使用的方法有：雇用更多的推销员，并为推销员提供更详细的市场信息；要求他们注意收集信息，为生产提供依据；生产部门则按顾客需求组织生产。为此，企业的信息管理系统要调整，生产计划、运输、供货方式等要调整，人员的评价、激励与培训制度也要有所调整。

企业内外的技术进步及经济或社会的创新。新工艺、新技术有的为企业发展新产品、新服务提供手段，有的如大量流水生产方式、混合流水生产技术等则形成新的资源转换方式；电子计算机等则直接为管理提供更有效的手段。社会、经济方面的创新如分期付款也会使得营销、财务等管理制度发生变化。

某方面的制度变化可能会带来管理制度体系的调整。因为企业管理制度作为一个有机联系的体系，彼此依存，相互影响与制约。影响企业经营观念和战略的其他因素也会通过观念、战略的调整而直接或间接地影响企业的管理制度。总之，企业管理制度要适应外部环境和内部条件的变化进行修订、补充和创新。

一套优质的规章制度必须与时俱进，必须适应时代的变化，才能发挥管好人的作用。因此，作为一个管理者，必须时刻注意本单位的规则，发现不切实际或不合情理的要及时纠正，不断改革，这一点很重要。可以说，一个好的规章制度，必然是不断发展不断改革着的。这样的规则是活的规则，只有活的规则才有意义。

制度的修订是对原有制度的不合理部分进行更新、完善，使其不断成为合理的制度的过程。这时就要注意，在起草修订稿时要特别慎重，尤其要考虑到，这一部分修改后，应与企业各方面的制度保持协调，不能顾此失彼。因为一种制度的修订，如同其他制度的内容产生矛盾，这种企业法规的矛盾势必带来企业管理混乱的恶果，这是在修订制度时要力求避免的。

正常情况下，企业管理制度一般可以在每年年末修订一次，企业在年终总结各方面工作时，同时也可对制度进行检查、总结和修订。每隔二年企业则需要对管理制度进行一次比较全面的修订，可以在年终结合该年度企业的总结工作进行。特殊情况下，企业可随时对管理制度进行修订。

五、小企业领导管事，大企业领导管人

任何一个企业都必然经历由小到大、由大到强这样一个持久发展的过程。那么，在这个过程中，企业领导者的行为会发生哪些变化呢？通常情况下，在初创业的小企业里，总经理们都总是事必躬亲、亲力亲为的。谈客户、借贷款，什么钱该花什么钱不该花等，都一一过问，认真打理。可以说，在这个阶段，总经理既是企业领导者又是伙计。从员工的角度而言，这个阶段的总经理和自己更像是伙伴关系、兄弟关系。当然，在创业阶段，总经理的这种行为无疑是正确的，也是正常的。

问题在于，企业总是要一天天成长，在这个过程中，总经理的行为就一定要发生变化。最为明显的一点就是由管事逐步过渡到管人。一个企业的成长就像一个人的成长一样。但是企业家的成长不单纯体现在思想意识、心胸境界上，还切切实实地体现在自身的行为当中。松下幸之助先生在其事业初创阶段，日常行为最多的内容一定是与客户洽谈、关心产品技术和质量这样一些工作。而到了企业规模扩大之后，松下先生在其真正退出企业舞台之前做的最后一件事情，就是制订了一个松下企业 50 年的发展规划。

从松下先生行为内容的变化和其间松下企业的成长，我们不难发现这二者之间其实有着一种很密切的联系。

其实，具有一定规模的企业总裁和较小规模的企业总经理相比，他们之间的行为区别就是小企业领导者管事，大企业领导者管人。而企业总经理（或总裁）的行为修炼就是如何从管事到管人，更重要的则是怎么去管人。总裁管人管什么？怎么管？一般情况下应从 3 个方面入手：一是管人，

二是育人，三是用人。

也许管人这个概念在今天这个鼓励沟通的社会会让人觉得刺耳，或者多少让人觉得观念落后。但在企业管理中，它依然是个不可回避的问题。任何一家企业总要有一些管理制度和岗位纪律，这是一个企业保持其组织活动正常进行的最基本的东西。那么，作为一个企业领导者，最重要的就是要把这些制度与纪律建立起来，并使它成为企业员工的行动准则。很多企业在规模小的时候，企业领导者习惯通过师傅带徒弟的方法言传身教，告诉每一位员工什么事情能干、什么事情不能干等，但是，当企业到达一定规模的时候，这种方法就行不通了。所以，用标准来管人、约束人便成为企业负责人一项很重要的工作。但是，经常有一些企业领导者做不到这一点。他们从企业很小的时候一路摸爬滚打走过来，习惯了自己依靠经验去管人，而不习惯建立共同的标准，或者即便建立了标准也难以持之以恒去实行，令制度与纪律形同虚设，导致团队精神最终也树立不起来。

制定规章制度应遵循的基本原则一般情况下，企业领导者为企业制定完善的规章制度要遵循以下两个基本原则。

1. 确保规章制度的合理与规范

任何一家企业要想实施有效的纪律约束，就必须确保企业规章制度的合理性和规范性。因为企业制定规章制度的目的是要员工遵守，若空有形式，则毫无意义可言。

例如，有家玩具公司有这样一条规定，员工凡延迟交货，不管在什么情况下，企业都要征收违约金。但实际上，在一般情况下，延迟交货多半事出有因，比如不可抗拒的天灾人祸或厂方耽误造成的延迟交货。故此规定无法执行，应立刻改正，拟定一个折中的办法，以期符合现实情况。企业在制定这些用以规范员工行为的制度时，要经过详细地调查，认真细致地分析研究，并结合企业的生产经营状况和员工的实际情况，在征求员工意见的基础上拟定出较为合情合理的规章制度，这样规章制度才能够行得通、推得开，否则，那些脱离实际的条文无疑等于一纸空文。

2. 领袖制度要与时俱进

企业制定管理规章制度的时候一定要灵活，要随着时间、环境的变化而有所变化，绝不能一成不变。

有些规章制度早已过时了，把这些过时的规章制度原封不动地拿过来让员工遵守是不合适的。因为，任何规章制度都是时代的产物，也是为适应时代、环境而制定出来的。社会在发展，时代在前进，环境也在发生变化，这些旧的规章制度也必然会失去其合理性。

管理者若发现有的规章制度不够合理，必须尽快废止或进行合理补充，千万不可墨守成规。否则，这些过时的规章制度就会随着时日的变迁而更加脱离现实，最终只会成为束缚员工积极性的僵硬条文。

企业管理者的一项重要工作，就是要随时检查自己所订立的各项规章制度，看其是否存在不完善、不合理的地方，一旦发现存在某些问题，就应该及时地、大胆地、实事求是地进行改革，因为，与时俱进是每位优秀管理者必备的素质。

六、领袖要让制度与时俱进

企业要在激烈的竞争中生存和发展，制度就不能一成不变。管理者必须适时进行制度管理创新，使企业内各要素在质和量上发生新的变化，产生新的组合，以适应新的形势需要，从而推动企业向更高、更深层次发展。

1. 领袖服务于企业观念的转化

观念要创新必须从企业领袖的观念入手，紧跟当前形势的变化，树立全新的制度管理理念。

（1）知识制度管理

知识制度管理的实施在于建立激励员工参与知识共享的机制，设立知识总监，培养公司的集体创新能力。知识制度管理思想是全新的制度管理思想，既继承了人本制度管理思想的精髓，又结合知识经济这一新的经济形态的特点予以创新。

（2）人本制度管理

人本制度管理意味着企业制度管理由传统的“管事”和“管人”向“激发人”转变。企业员工素质高低和才能发挥程度决定着公司的成败，人将是公司中最重要的资本，如何充分调动员工的积极性和创造性成为公司制度管理的关键。

2. 领袖服务于企业经营转化

随着市场竞争的日益加剧，企业的经营战略面临创新，这就要求领袖做好以下工作。

（1）确立全球一体化的企业发展战略

随着现代信息技术的不断发展，全球沟通越来越顺畅，市场已经走向国际化、全球化。面对各种挑战和机遇，企业战略制度管理模式和观念都必须随之发生变化。管理者不能将视野局限于某一区域，而必须考虑整个市场和技术发展的趋势。管理者必须了解全球性战略环境，结合自身竞争条件和目标，作出战略决策。同时，参与全方位的竞争。

（2）企业必须从适应市场转向创造市场

企业的经营战略必须适应市场环境，但等环境变化了再去适应就会处于被动地位，因此，管理者应主动创造市场，引导消费。在进行战略创造时，应密切注意相关产业的发展动向，积极寻找可以利用的机会，把新生事物的创立、新技术的开发、新市场的开拓等战略课题列入企业战略之中，为企业的未来环境创造良好的条件。

3. 领袖服务于企业创新

创新就是通过调整和优化企业所有者、经营者和劳动者三者的关系，使各个方面的权利和利益得到充分的体现。

企业制度主要包括产权制度、经营制度和管理制度三个层次。产权制度是决定公司其他制度的根本制度，是有关经营权的归属及使用权的条件、范围、限制等方面的原则规定，它构成企业的“法人治理结构”，包括目标机制、激励机制和约束机制。没有一个创新的制度，企业的其他创新活动就不会有效和持久。这要求管理者调整组织结构和完善内部的各项规章制度，以及使用权内部各种要素的合理配置，使之发挥最大限度的效能。

在激烈的市场竞争中，谁胜谁负关键在于创新，创新已成为企业的生存之本。企业必须将创新体现于企业制度当中，更好地发挥生产者，甚至消费者创新的积极性。

4. 领袖服务于企业组织结构创新

随着技术革命特别是信息的网络化，企业内组织结构也在向扁平化发展，原来承担上下级沟通联络的中间管理层将大大减少，企业内组织结构变为以分权为特征的扁平化的横向网型组织结构。企业内必须进行组织结构创新，保证最好、最快的信息迅速在企业内部传递，使员工成为自主学习、有自主管理能力的人，并可以在自己的职责范围内独立工作，承担责任。

5. 领袖服务于制度创新

随着信息技术的发展，企业的制度管理方法日趋新颖、多样，计算机、互联网在企业的制度管理中广泛应用。企业要在激烈的竞争中求得生存和发展，必须建立快速、先进、智能化的信息传播和处理系统。

任何制度都需要不断完善和不断创新，纵观古今中外的改革或革新，从一定意义上都是对制度的重整、再造和创新，不论国家，不论企业，每一次制度上的成功改革或创新，都会带来一次质的飞跃。所以，国家要强盛，企业要发展，就必须在制度上狠下工夫，求新，求实，求进步，制度好，人心顺，万事兴。

善于运用领袖执行力，把制度落到实处

一、营造良好的执行环境，让制度得以执行

企业有企业的规章制度，而且最为重要的是，企业制定出来的各种规章制度不能成为摆设。作为管理者，还要营造一种良好的小气候，以利于规章制度这棵“小树”长成支撑企业的“大树”。

为了营造贯彻规章制度的小气候，企业管理者应该采取以下几个明确的措施：

1. 消除员工的怨恨心理，服务员工

记住，处分的目的在于教育，而不是惩罚，是为了避免再犯同样的错误。因此，你应该向你的下属表明你相信他会改正错误。在执行纪律处分后以积极的语调跟员工谈话，将有助于消除员工的苦恼和怨恨的情绪。

2. 处事公道，服务于企业文化

如果公开处分违规的员工，那么受处分的员工会因当众受批评而产生怨恨，形势就可能恶化而起到破坏作用。

关于私下处理的规则仅有一个例外，那就是员工在其他人面前公开与你作对。在这种情况下，你必须当众迅速果断地采取行动，否则就有失去控制的风险。如果你不能果断地行动，你会失去员工对你的尊重，大大损伤自己的威信。

3. 营造公平公正的管理环境

不滥施压力，对员工和公司都要公道。对员工公道要有充分的根据。它包括解释清楚公司为什么要制定这条规章，为什么要采取这样一个纪律处分，以及你希望这个处分产生什么效果。

4. 领袖要保持镇定

无论违规行为多么严重，作为管理者的你都应该保持镇定，不能失控。如果你觉得自己正在失去冷静，那就应该等一等，直到恢复了镇定之后再去采取行动。

而怎样才能恢复镇定呢？闭上嘴巴，待会儿再开口，做些拖延时间的事情。告诉员工半个小时之后再到你的办公室来见你，或者请这位员工与你一起去你的办公室或休息场所，切记千万不要对员工大发雷霆。

5. 对所有员工都一视同仁

当然，并不是每个违规行为都要受到同样的处罚。一视同仁不是说对待所有的员工都要完全一个样。一视同仁的原则是指在同样条件和同样的情形下，应该采用同一种处罚。

6. 宣传规章制度，做企业话筒

许多管理者都想当然地认为“这些规定谁都知道”。但是，新上岗的员工，甚至有时一些老员工，直到他们违反了某条规定时才听说有这么个规定。国外有些企业管理者会按惯例给每个员工发一份公司规定，并让他们签署一份声明，表示已经收到、阅读并理解了公司的规章。这种做法就很值得我国企业去效仿。

7. 坚决执行，服务大局

如果你这样做，那就是在向其他员工表明你不打算执行公司的规章制度。你也不应该走向另一个极端，草率地惩罚或处分员工。因此在你行动、做任何事情之前，都必须搞清楚发生了什么问题，以及员工为什么这样做。

二、制度大于权力，领袖也不能超越于制度之上

要想管理好员工，就必须有一个好的制度，这是每个管理者都知道的道理。制定制度本身并不困难，关键在于执行，在于制度面前是否人人平

等。公司的制度，对任何人都没有例外。管理者手中握有权力是实行有效管理的必要保障。要管理好下属，一方面要依靠手中的权力，以权管理，名正言顺；另一方面，即便是管理者，手中的权力再大，也不能超越制度。

据说，挪威首相邦德维克曾专门从德国宝马公司订购了一辆高级防弹轿车。令人始料不及的是，轿车运到后，首相却被当头泼了一盆冷水：国内公路管理部门不允许首相的车上路，理由是“轿车比规定的标准超重90磅，公路路面承受不起”。不得已，挪威首相只好让有关部门对车进行大改造，令车身变轻后才上路。

听到这样的新闻最易引起联想：这样的事情换个地方，别说是堂堂首相的车超了区区90磅，就是一个小人物，兴致一来，说不定也可能开一辆重型坦克上路的。于是，让人们不由得对挪威公路管理部门铁面无私，不给首相半点“面子”的做法生出敬意：只认规则，不认权势。

《工商时报》上有过一篇文章，说是中国历史上的开国皇帝大都喜欢把重要的制度刻在石碑上，以警醒世人。宋太祖就曾在大殿上立有这样的石碑：此殿不得以南人为相。明太祖则在宫门立有铁碑，上书：“内臣不得干预政事，预者斩。”按理说，既然开国皇帝立下了这个石碑制度，后来的继位者就只有严格遵循的份儿，这样的制度应当是能靠得住的。

可实际情况却与之大相径庭，就宋朝的情况看，南人为相的不止一位，政声较好的也不都是北人。我们或许可以说宋太祖这个制度本身就有极大的缺陷，致使后来的掌权者废除其实是情理之中的事情，但明太祖的“内臣不得干预政事”则是对皇家政治得失的总结，应该说，这项制度完全抓住了封建王朝灭亡的重要原因。如果明朝后继的皇帝能切实贯彻这项制度，那明朝就不会那么黑暗。明朝灭亡的原因固然可以列出很多，但宦官干政则是明朝灭亡的一个极重要的原因。中国历代均有宦官乱政的事例，只有明朝最为酷烈。明朝不仅出了许多著名的宦官，而且还出了“阉圣”魏忠贤。当时各地巡抚纷纷为魏忠贤建立生祠，有的还建在西湖、虎丘、五台山等风景名胜区。每建一祠费用多则数十万、少则数万两银子，剥民财、侵公帑等现象不胜枚举。这种无聊的举动劳民伤财，加速了明朝的灭亡。大臣们竟还煞有介事地在魏忠贤的生祠中将其称为“尧天帝德，至圣至神”，对魏忠贤的赞颂可以说是到了无以复加的地步。这样一位祸害天下的恶阉，出行随从达万人，士大夫遮道拜伏，直呼九千岁。可怜明太祖立下的“内臣不得干预政事，预者斩”的制度竟如同一张白纸。

皇帝从来都是一言九鼎、说一不二的。可是制度即便立石刻碑了也靠不住，这表明制度只是制度，制定制度靠权力，没有权力的绝对没有资格制定制度，而制度的作废也是靠权力，只要权力能够超越制度，制度必然疲软并最终成为废纸。明成祖从侄儿手中夺取皇权时，因宦官立下了功劳，所以明成祖就敢废了明太祖的制度重用宦官。

在企业不断加强制度建设的今天，管理者一定要想想一项好的制度能不能靠得住，关键要看管理者是否身体力行，是否用手中的权力去保护制度而不是超越制度。如果权力大于制度，那么再多的制度也不过是空制度，要想用这样的制度管好员工绝对是不可能的。因此管理者绝不能因为手中有权就轻视自己制定的制度，或利用权力更改制度甚至超越制度。

三、领袖要让制度远离人情，打造铁的纪律

管理中的“管”代表严格的管理制度，管人、管物、管财都要非常严格；“理”代表一种软的手段，是理顺行为、理顺思想、理顺一个人整个的工作行为。

在一个访谈节目中，管理者和下属有这么一段对话：

下属说：“我只是轻微违反了‘八不准’规定，却受到了严肃处

理，当时我委屈得一晚上没睡好觉。”这个单位的管理者接过话来说：“你不知道吧，为是否处理你、怎么处理你，我 3 个晚上都没睡好觉。”

作为公司的管理者，为处理一名违纪的下属，竟然3个晚上睡不好觉，这不难看出执行制度、坚持原则不是一件容易的事。人心都是肉长的，尤其在中国这个讲究人情的国家，处理一个人，常常关系到他未来的成长和前途，如果他工作表现一贯不错，错误性质又不是很严重，就更让人狠不下心来。同时，坚持原则、执行制度有时是得罪人的事，容易招“骂名”。是顾及人情宽容违反制度的人，还是坚持原则，按制度办事，这对管理者是个考验。

社会越发展、越进步，就越强调和重视制度建设。在各项法规和制度越来越趋于完备的情况下，关键是要按制度办事，用制度管人。但是话又说回来，制度是人制定的，自然也要靠人来落实。而执行制度与照顾人情往往又是一对矛盾。面对一些违反制度的人和事，如果管理者陷于人情的羁绊而“心慈手软”，或顾及私利，怕得罪人，结果必将导致纪律松弛、制度废弛。制度只有在被执行的时候才能发挥作用，否则就是废纸一张。

柳传志在联想创立之初，就为联想设立了若干“天条”，这些“天条”成为联想不可触摸的雷区。

在一些人眼中，开会迟到看起来是再小不过的事情了，但是，在联想，却是不可原谅的事情。联想的开会迟到罚站制度，20 多年来，无一人例外。

联想刚定下开会迟到罚站这个制度时，第一次被罚站的人是柳传志的一个老领导，原计算所科技处的一个老处长。面对自己一直敬重的老领导，柳传志毅然决定必须执行这一制度，柳传志严肃而饱含深情地对老领导说：“老吴，今天晚上我到你们家去，给你站一分钟。

但是今天，你非得在这儿站一分钟不可。”

就连柳传志自己，也不搞特殊化，他也曾被罚站过3次。其中有一次是因为自己被困在电梯里面，电梯坏了，没有办法请假，被罚站的。

对此，柳传志说：“既然制定了规章制度，就要非常认真地宣传并执行。”

企业做什么事，就怕含含糊糊，制度定了却不严格执行，最害人！管理者要坚持制度，不讲人情，即便要讲，也要讲大的人情，讲维护员工根本利益的情，讲为公司负责的情，讲有利于企业员工健康成长的情。如果站在这个角度处理问题，严格执行制度的行为就会得到全体员工的支持，也使得受到处分的员工心服口服。“为了带出一支过硬的队伍，我必须这么做。”当一位管理者在电视采访中眼含泪光地说完这句话时，现场观众报以热烈的掌声。这掌声，是对他坚持制度的支持，掌声里有民意，掌声里有民心。这掌声，也是对他真正关心员工的赞许，即使对违纪的员工仍然要有一种严中有爱的感情。只有这样，我们的事业才能更加兴旺、更有活力。

四、让制度成为企业的唯一标准

法律在社会发展的过程中起着至关重要的作用，维护法律的尊严，实行法治是国家进步、社会发展的表现。法治的关键是确保其权威性，做到法律面前人人平等。法律面前不平等，就会丧失法的公正性，法就不可能有权威。法律被亵渎的最终结果就是国家灭亡。因此，自古就提倡“王子犯法，与庶民同罪”，即使君王也必须从自己做起，依照法律规范自己的行为，这样，臣子、“上下”“贵贱”才能从于法，才能实现“大治”。

经济的发展和劳动效率的提高来源于人们通过分工和交易的形式实现

的合作，人与人之间的合作需要适宜的制度支持，良好的制度是经济发展的首要保证。邓小平曾经说过，不好的制度，好人也会干坏事；好的制度，坏人也会干好事。企业的规章制度是企业内建立的一系列约束员工行为的制度，它是企业内部的法规，员工们必须无条件地服从。企业必须建立规范的企业制度，使制度成为“高压线”，谁都不能触犯，做到制度面前人人平等，严格按照规章制度实施奖惩。

规章制度是企业的骨架，能使企业从“人治”过渡到“法治”。制度约束所有员工的行为，使生产经营有条不紊地进行，同时，还可弱化管理者和被管理者的矛盾，提高管理效率。

有七个人曾住在一起，每餐分食一大桶粥。要命的是，粥每天都是不够的。一开始，他们抓阄决定谁来分粥，每天轮一个人。于是乎每周下来，他们每个人只有一天是饱的，就是自己分粥的那一天。后来他们开始推选出一个道德高尚的人出来分粥。哪里有权力哪里就会有腐败，为了让这个掌管勺子的人给自己多分一些粥，每个人都开始挖空心思去讨好他、贿赂他，结果搞得整个小团体乌烟瘴气。后来大家决定组成三人的分粥委员会和四人的评选委员会，但他们常常互相攻击、扯皮。粥吃到嘴里全是凉的。最后有人想出来一个新的分粥方法：轮流分粥，但分粥的人要等其他人都挑完了之后，才能拿剩下的那碗。为了不让自己吃到最少的，每人分粥时都尽量分得平均。这个方法很不错，大家从此快快乐乐、和和气气，再也没有为分粥而发生争执。

从七人分粥的故事中，我们可以得出一个结论，任何一个组织都离不开一个严格、合理的制度，否则无论怎样优秀的人群，也会变成一盘散沙，一群乌合之众。制度是一个企业平稳发展的保障，因此对于任何企业而言，制定出一个合理的规章制度，都是不容忽视的工作。

尽管企业有许许多多的业务流程、服务流程和管理流程，以及与其相对应的业务标准、服务标准和管理标准，但是人们懒惰的天性导致谁都想偷懒，都想省事。因而为了保证工作质量，就必须出台相应的业务管理制度和服务管理制度以及现场管理制度等。不然即使发现了问题，制定了新的业务流程，懒惰的天性还会导致人们仍会回到原来错误的业务流程中去。所以说制度是限制员工负面行为的最好方法。

制度是人选择的，是谨慎思考的结果。好的制度浑然天成，清晰而精妙，既简洁又高效。建立好的制度是企业强化内部管理、提高整体竞争力、实现可持续发展的重要保证。

首先，这是现代化生产的客观要求。现代企业进行的是具有高度分工与协作的社会化大生产，只有进行规范化管理，才能把成百上千人的意志统一起来，形成合力为实现企业的目标而努力工作；其次，实行规范化管理是实现法制管理的必由之路。即使员工有干好本职工作的愿望，但在没有“干好”的标准的情况下，仅凭领导者的主观印象进行考核和奖惩，难免会出现偏差，这样很容易挫伤员工的积极性。制定严格的制度，按照统一的规范进行严格管理，这样人和人之间才可以公开、公平的竞争；最后，实行规范化管理有利于提高员工的总体素质。规范使员工明确企业对自己的要求，有了努力的标准，必然能逐步提高自己的素质，员工还可以对照规范进行自我管理。

五、领袖要制定制度，更要坚持制度

经济学家诺斯认为，制度是一个社会的游戏规则。或者更规范地说，制度是构建人类相互行为的人为设定的约束。大到整个社会，小到一个企业，人们追求自身利益的行为常常是相互牵制、相互冲突的。没有科学、合理的制度规范，就会出现好事没人做，坏事人人争先的结局。为了协调人们之间的利益冲突，维持集体的生存和社会的秩序，人们无时无刻不需要用制度去规范个体的行为。事实上，如果没有制度提供的秩序，人类社会将仍然停留在霍布斯所设想的“一切人与一切人作战”的丛林时代。

《左传》记载：孙武去见吴王阖闾，与他谈论带兵打仗之事，说得头头是道。吴王心想，“纸上谈兵管什么用，让我来考考他。”便出了个难题，让孙武替他训练姬妃宫女。孙武毫不犹豫就答应了，并当即挑选了一百个宫女，让吴王的两个宠姬担任队长。孙武将列队训练的要领讲得清清楚楚，但正式喊口令时，这些宫女却笑作一堆，乱作一团，谁也不听他的。

孙武再次讲解了要领，并要两个队长以身作则。但他一喊口令，宫女们还是满不在乎，两个当队长的宠姬更是笑弯了腰。孙武严厉地说：“这里是演武场，不是王宫；你们现在是军人，不是宫女；我的口令就是军令，不是玩笑。你们不按口令训练，两个队长带头不听指挥，这就是公然违反军法，理当斩首！”说完，便叫武士将两个宠姬杀了。场上顿时肃静。宫女们吓得谁也不敢出声，当孙武再喊口令时，她们步调整齐，动作统一，俨然是真正的训练有素的军人。

做人难，做个优秀的领导人更难。企业的领导人有时也会遇到孙武这样的难题，一些政策制定出来后，在推行的时候却因为触及了一些人的旧有利益而无法施展。这些人或者是比自己职位更高，或者有很多自己开罪不起的背景。如此陷入进退两难的困境。

正所谓“慈不掌兵”，明智的领导者必须要有坚持正确的原则的决心和毅力。虽然坚持的结果可能会得罪一些高层人士导致自己的职位不保，但如果政策推行不下去，那后果一样很糟，两相比较，坚决执行制度所取得的效果往往比要协和退让更好。

作为企业行为准则的制度，要想得以推行，必须要先得到员工的认可。所以好的制度应具备以下三个条件：一是合理，即切合实际。制度管理不是越多、越严、越细就越好，“要么什么都管，要么什么都不管”是制度管理的重大误区；二是公正，这是制度的生命所系，它要求全体成员共同遵守，排除歧视性和随意性；三是稳定，制度在深思熟虑，经有效程序确定后，要保持连续性和稳定性，不能朝令夕改，随心所欲。

军犬黑子目光如电，精神饱满，威风凛凛，每逢甄别嫌疑犯时总能让做贼者先心虚起来。随着训导员的一声号令，黑子很快就用嘴把丢失的东西从隐秘处叼出来，接着又向站着的人群跑去，没费多少工夫，就叼住了那个小偷。黑子兴奋地望向训导员，等待着嘉奖。但训导员却使劲摇着头对黑子说：“不！不是他！再去找！”黑子大为诧异，眼睛里闪出迷惑。平时对训导员的绝对信赖，使它又转回头重新开始了更为谨慎的辨认。

专业的训练经验告诉黑子，它没错！于是重新又把那个小偷叼了出来。可是训导员却不容置疑：“不对！再去找！”黑子迟疑地盯着训导员，转回身去花更长时间去嗅去辨。最后，它还是站在了小偷的身边，向训导员坚定地望去：就是他！不会是别人！

“不！绝对不是！”训导员大声吼着，表情也严峻起来。黑子的自信心被击溃了，它相信训导员超过相信自己。它放弃那个小偷，去找别人。可是不对啊，气味骗不了黑子。它焦急地踱着步，在每个人的脚边都停一会儿，忽儿急促地嗅辨，忽儿扭回头去窥测训导员的眼神……最后，它根据训导员的眼色把一个假小偷给叼了出来。

训导员与那些人一起哈哈大笑起来。黑子糊涂了，愣在当场。后来，训导员告诉黑子：“你本来是对的，可你又错了，错就错在没有坚持到底。”当黑子明白这是一场骗局之后，它极度痛苦地“嗷”了一声。一个没有准则、没有对错的荒唐世界，把它所有的信念击得粉碎。或许训导员只是想考验黑子，或许，这只是一个玩笑，可是，从此以后，黑子不再信任训导员，不再信赖任何人，不再奔如疾风，不再虎视眈眈，更没有了威风凛凛……

人们常说没有规矩，不成方圆。这个规矩，对于故事中的狗而言，就是平时训导员对它的训练要求和是非观念，在这些规矩的指导和监督下，狗能顺利地完成任务。但是训导员无视规矩的尊严和其对狗的作用力，让狗“无法可依”，怎能不造成狗对人丧失信任、对工作消极怠工呢？

对于一个企业而言，规矩同样重要。企业的各种规章制度将成为公司员工的行为准则和努力的目标。在短时期内，不应该频频变更，增减条款，变换原则，否则会让员工觉得企业规章制度不明确，有法难依，从而对企业丧失景仰和信赖。到那时，管理工作就难以展开了。

因此，作为制度的制定者和企业的当家人，领导者首先要制定一个合理的、长远的规章制度，有一个严肃认真的态度，必须做到不轻易制定制度，一旦制定了，坚决执行，全力维护制度的尊严。

值得一提的是，企业领导者在制定规章制度时，还需要掌握一些基本原则和正确的程序。

1. 领袖要明确制度与实施程序的区别

出于保护员工和企业利益的制度需要包括两个方面：行为准则和实施这些准则的规则。对于各个部门而言，必须制定出切实可行的实施条款，这也就是所说的实施程序。制度和实施程序的区别在于制度列出各种条条框框的行为准则，而实施程序则是说明实施这些行为准则的过程。

2. 做好计划并得到批准

制定公平有效的制度的关键在于尽可能地使之简单、清晰、全面。当制定公司的规章制度时，需要把各个部门的要求和建议文档化，即把所有的工作规程、部门之间的联系等都文档化。一旦这些任务完成，就可以正式地制定公司的制度了。在这一过程中，一定要和人力资源部、建议者、员工、用户保持密切联系。为了避免员工日后产生不必要的抵触情绪，应该尽可能地考虑到员工的利益。

3. 领袖不应反复制定制度

制度一旦建立起来，必须力求完整全面。对于企业可能发生的恶果，必须提前想到并做出相应的应对措施，如果等到员工做出不合理的行为后再做出规定，那是不公平的，而且也是很没有效率的管理方式。制度的制定和更新必须遵循相应程序。

制度的制定和变更必须严格按照“先调查研究后执行”的原则进行，必须多听听员工、各级主管的意见和建议，尽量顾及他们的自身利益。领导者切不可闭门造车，固执己见。因为制度如果不能代表大众利益，没有争得大众的认可，是难以得到彻底推行的。

对于个人来说，立长志胜过常立志；对于企业来讲，制定一个长远的、合理的制度，远远比常常变更制度更有实际意义。